LE LIVRE D'OR DE
VENISE

BONECHI

WORLD PUBLISHER

© Copyright by Casa Editrice Bonechi
Via Cairoli 18/b
Florence - Italy
e-mail: bonechi@bonechi.it

Printed in Italy.

The photographs belong to the *Archives of Casa Editrice Bonechi* (taken by *Gaetano Barone, Marco Bonechi, Gianni Dagli Orti, Paolo Giambone, Lorenzo Zerella*) and to the *Archives of BET Edizioni il Turismo.*

Other contributors:
Photographic Archive of *A.P.T. della Provincia di Venezia* (courtesy of): pages 8, 53 above, 64 below, 81, 92, 93, 98 above, 99 below, 104, 107 below.

Aerial photographs *I-BUGA* - Aut. SMA n. 506/85: pages 7, 69, 83, 88.

© *Sime*: pages 6 (Johanna Huber), 9 (Guido Baviera), 48-49 (Reinhard Schmid), 78 (Guido Baviera), 79 (Stefano Amantini), 124 above (Johanna Huber), 124 below (Günter Gräfenhain), 125 (Sandra Raccanello).

The publisher apologies for any omissions and is willing to make amends on being informed by the holders of rights.

ISBN 978-88-7009-688-0

www.bonechi.com

* * *

INTRODUCTION

La cité de Venise a été construite sur un archipel de petites îles séparées par un réseau d'innombrables canaux. Certains d'entre eux ont été réaménagés à des époques différentes; par conséquent l'ancienne structure de la ville a subi bien des modifications. Venise est à 4 km de la terre ferme et à 2 du bord de mer.

Le noyau des habitations les plus anciennes s'est formé lors des invasions barbares, quand se sont installés dans les îles de la lagune des groupes de réfugiés venant de Spina, Aquilée, Adria, Altinum et Padoue. Au cours des siècles suivants, la concentration urbaine est allée croissant; ainsi est né le centre d'une ville qui constitue un modèle d'urbanisme sans égal au monde.

A noter aussi que l'envasement de plus de 160 canaux a réduit à 18 le nombre des îles, y compris San Giorgio Maggiore et la Giudecca. Le plus important de ces canaux est le Canal Grande, long de 3,8 km et large de 30 à 70 mètres. Il coupe la ville en deux parties, reliées entre elles par trois ponts: le pont du Rialto, le pont des Scalzi et le pont de l'Académie. Dans le Canal Grande débouchent 45 « rii » (petits canaux) que peuvent parcourir de petites embarcations et des gondoles. 350 ponts relient les différentes zones de l'agglomération. Le territoire est divisé en « sestieri »: Cannaregio, San Marco, Castello, Dorsoduro, San Polo et Santa Croce. Jusqu'en 1480 les ponts étaient tous en bois; on les a remplacés par des ponts en pierre et à arc. Sur terre, la circulation passe à travers des espaces qui ont des noms bien particuliers.

Peu nombreuses sont les voies principales dites « rughe » (du français « rue ») et « salizade » parce qu'elles avaient été les premières a être pavées (selciate). On donne le nom de « cale » ou « calle » aux petites rues et de « fondamenta » aux voies qui longent les canaux et servent de soutien aux édifices, tandis que les « liste » sont les rues proches des ambassades, celles-ci jouissant d'immunités particulières. Les marchands ouvraient leurs boutiques sur les « mercerie ». Le long des « rii », l'escalier qui des « fondamenta » descend dans l'eau prend le nom de « riva ». Les « rii tera » sont les canaux comblés et les « rami » les rues qui partent d'une « calle » ou d'un « campiello ». Le « campo » est un espace, jadis cultivé, d'où l'on tirait des légumes et le fourrage pour les chevaux. Le « campiello » est une place s'ouvrant entre des maisons et où débouchent les « calli ». Quand la place est enfermée entre des édifices, ne possédant qu'un seul passage pour y pénétrer, elle prend le nom de « corte ». « Paludo » est un endroit où s'étendait un marécage; les « pissine » ont pris la place des étangs où il était possible de pêcher et de se baigner. Qu'y a-t-il encore à dire sur cette toponymie vénitienne, vraiment unique en son genre et qui, à elle seule, constitue un résumé de l'histoire et de l'évolution de la ville?

Citons encore le « sotoportego », une rue qui passe sous des édifices et met en communication les « calli », les « campielli », les « corti »... et puis les « canali », des voies d'eau bien sûr mais toujours des voies! A Venise les noms de rue ne sont pas l'unique source de renseignements sur l'histoire de la ville et de son urbanisme. Les numéros des maisons en sont une autre mais quel casse-tête pour les gens venus de l'extérieur! La numérotation est progressive mais par « sestiere » et non pas par « calle », « campo », ou « campiello »... En 1801 on essaya de mettre un peu d'ordre dans tout cela et d'éclaircir un peu la situation. La numérotation devint régulière mais par zones « de cita » et « de ultra » par rapport à Saint-Marc. La zone « de cita » comprend Castello, Saint-Marc et Canneregio et la zone « de ultra » Santa Croce, Dorsoduro et San Polo. Entre 1837 et 1941 on procéda à une vérification des numéros par « sestiere » et on remplaça les numéros noirs par des numéros rouges, tant et si bien que dans certains quartiers de Venise on peut encore voir des exemples de numérotation « locale », en chiffres romains près des chiffres arabes qui représentent la numérotation régulière. Il arrive aussi que les chiffres romains soient écrits à l'envers, comme dans le Sotoportego des Arméniens, à Saint-Marc: sur une maison, près des numéros 963-964, on trouve les chiffres IIIIV et IIIV qui auraient dû être écrit IX et VIII!

Venise a presque entièrement conservé son aspect du XIIIIe siècle, exception faite pour quelques édifices qui ont été transformés. Ces modifications n'ont entamé en rien la structure globale de la ville. Au siècle dernier certaines interventions se sont révélées indispensables pour faciliter les communications entre la terre ferme et la lagune et faire face à l'accroissement de la population. La liaison avec l'arrière-pays est devenue plus rapide après la construction du pont du chemin de fer de 3 601 mètres de long qui relie le centre-ville à Mestre (1841-1846). Le pont routier, inauguré presque un siècle après (1933), permet de rejoindre la terre ferme en voiture. La superficie totale des îles qui forment Venise, y compris San Giorgio et la Giudecca, ne dépasse guère 7 kilomètres carrés. Le territoire de la ville est bien plus étendu car il englobe d'autres agglomérations: à l'intérieur de la lagune, les îles de Murano, Burano et Torcello; vers la mer, le Lido et Pellestrina; dans l'arrière-pays, Malcontenta, Dese, Tessera, Mestre, Marghera, Zelarino, Carpenedo, Assegiano, Trivignano, Favaro et Chirignago. Anciennement certaines de ces localités étaient des communes autonomes.

Deux vues de la Place Saint-Marc, cœur de Venise.

PLACE SAINT-MARC

La Place Saint-Marc, l'un des joyaux de l'architecture italienne s'articule en deux grandes superficies sans solution de continuité: la Place proprement dite et la « Piazzetta » frôlant la mer. Sur ce grand espace, très ouvert, donnent des édifices d'une très grande valeur architecturale: la **Basilique Saint-Marc**, le **Palais des Doges**, la **Loggetta** et la **Tour de l'Horloge**, toute en hauteur.
Le plus ancien aménagement de la place date du IXe siècle ap. J.-C. Au cours des siècles on a procédé à de nombreuses transformations mais le plan général est resté presque identique à ce qu'il était au début. Dès la moitié du XIIe siècle, sur ordre du doge Sebastiano Ziani, on entreprend un nouvel aménagement: le parvis de la Basilique Saint-Marc voit ses dimensions doublées et deux colonnes monolithiques viennent « fermer » la Piazzetta. Un siècle plus tard, la Basilique et le Palais des Doges subissent d'autres transformations. Ce dernier perd son

aspect de structure de défense et devient un édifice sophistiqué orné de loggias. A cette époque, le siège des Chanoines de Saint-Marc, les maisons des Procureurs et l'église San Geminiano entouraient la place, tandis qu'autour de la Piazzetta s'étaient installées de nombreuses boutiques. C'est en 1400 que commence le plus important réaménagement de la Place: bon nombre d'édifices sont détruits, on dresse la Tour de l'Horloge (fin du XVe siècle), on construit la Zecca (la Monnaie), la Libreria (la Biliothèque) et, un siècle plus tard, les Nouvelles Procuraties.
Sansovino est l'auteur du projet qui, dans son ensemble, respecte l'ancien. Pendant plusieurs siècles la place avait été pavée en briques rouges posées en chevrons. Au début du XVIIIe siècle on les remplaça par des pierres de trachyte grise des Collines Euganéennes, celles que foulent de nos jours des milliers de visiteurs.

LA REGATE HISTORIQUE

A Venise, l'une des fêtes les plus senties est la Régate Historique. On ne possède pas de renseignements précis sur la date de la première régate et sur les origines de la fête. On sait pourtant que cette compétition était déjà une habitude au XIIIe-XIVe siècle. Comme de nos jours, la course proprement dite était précédée d'un cortège somptueux d'embarcations très disparates, ornées de décorations et d'effigies symboliques. Parmi elles on remarquait le **Bucintoro**, la grande barque du doge, que l'on a reproduit exactement à une échelle réduite; nous pouvons nous faire une idée de la galère dorée d'origine grâce à des peintures et au modèle de la dernière d'entre elles qui est conservé au Musée Naval. Après la parade, qui était anciennement un véritable défilé de la noblesse, commençaient les épreuves entre les barques, divisées en fonction de leur jauge et du nombre des rameurs (jusqu'à 20 ou 50). De nos jours sont admises seulement les barques à deux rameurs qui doivent accomplir le parcours entre la Motta a Castello et Santa Chiara sur le Canal Grande à l'aller et arriver jusqu'à la Ca' Foscari au retour. Un grand radeau flottant, riche en décorations joue le rôle de ligne d'arrivée. L'équipage vainqueur reçoit une bannière; au dernier on réserve, en guise de prix, un petit cochon.

LA TOUR DE L'HORLOGE

C'est sans aucun doute l'un des monuments de Venise les plus photographiés à cause de l'originalité de l'horloge et des deux Maures, qui sonnent les heures au haut de la tour édifiée par Codussi entre 1496 et 1499. En 1506, suivant les plans de P. Lombardo, on entreprit la construction des parties latérales, surélevées en 1775 par Giorgio Massari. Les « *Mori* » sont des statues en bronze datant de 1457 et dues à Ambrogio dalle Anchore.

Sous le Lion de Saint-Marc, surplombé par les « *Mori* », une petite terrasse circulaire permet le passage de trois statues de bois qui, le jour de l'Ascension (et pendant la semaine suivante), se déplacent de gauche à droite devant une *Vierge à l'Enfant* en bronze doré, œuvre de A. Leonardi. Le grand cadran, placé un peu plus bas, est un chef-d'œuvre de mécanique réalisé à la fin du XVe siècle par Giampaolo et Giancarlo Ranieri, artisans de Parme: il indique les saisons, les heures, les phases de la lune et le passage du soleil d'une constellation à l'autre.

Dans ces pages, quelques vues de la Tour de l'Horloge avec les statues des deux Maures qui sonnent les heures.

LES VIEILLES PROCURATIES
ET L'AILE NAPOLEONIENNE

Cinquante arcades en plein cintre soutiennent les deux ordres de loggias des Vieilles Procuraties, construites entre le XVe et le XVIe siècle. Codussi travailla à l'exécution du projet jusqu'au premier étage. B. Bon et G. dei Grigi achevèrent presque entièrement la construction de l'édifice; la partie du fond est de Sansovino.

Dans le prolongement des Procuraties, sur l'emplacement de l'ancienne Eglise San Geminiano, se trouve l'Aile Napoléonienne (Ala Napoleonica) que l'Empereur fit construire pour abriter une vaste salle de bal. L'architecture de cette aile reprend les deux ordres de colonnes des Nouvelles Procuraties, que Scamozzi avait bâti en 1584 s'inspirant des lignes classiques de la Bibliothèque de Sansovino.

LES NOUVELLES PROCURATIES

Dans cet ensemble d'édifices devaient trouver place les appartements des neuf Procureurs de Saint-Marc, logés précédemment dans les Vieilles Procuraties, juste en face. Vincenzo Scamozzi fut chargé d'en dresser les plans. Négligeant les dessins laissés par Sansovino, il reprit, à l'étage inférieur, la disposition de la Libreria Marciana qui forme angle avec les Procuraties. Au-dessus, il éleva un autre étage, rythmé lui aussi par des colonnes engagées entre lesquelles s'ouvrent de grandes baies surmontées alternativement des tympans en arc et en triangle. La façade est couronnée par une grande corniche bordée. Avant de passer à la construction il fallut démolir l'ancien Hospice Orseolo, dont la façade était sise plus avant, par rapport à celle des Procuraties actuelles. Les travaux commencèrent en 1582, sous la direction de Scamozzi lui-même. A sa mort, en 1616, Carità lui succéda et c'est Longhena qui termina l'édifice. Sous Napoléon on y installa le Palais Royal. Les neuf appartements des Procureurs donnent sur cinq cours intérieures et abritent de nos jours le **Musée Archéologique**, le **Musée municipal Correr** et le **Musée du Risorgimento**, ainsi que certains services publics. Au rez-de-chaussée, sous un portique où s'ouvrent des boutiques, se trouve le « **Caffè Florian** », anciennement « Venise triomphante », point de rencontre d'artistes et de gens de lettres au XVIIIe et au XIXe siècle.

Détail des Procuratie Vecchie.

Une image des Vieilles Procuraties et l'Aile napoléonienne (à droite); vue de la Place avec les Nouvelles Procuraties et l'Aile napoléonienne (en bas).

CAMPANILE DE SAINT-MARC

Le Campanile élancé, qui mesure environ 100 mètres de haut, domine la Place Saint-Marc. Les Vénitiens l'appellent « el paron de casa » (le patron de la maison). Il n'a pas toujours revêtu son aspect actuel: sur son emplacement, au IXe siècle, se dressait une tour de guet qui donnait directement sur la lagune puisque la Piazzetta (comprise entre la Libreria Marciana et le Palais des Doges) était alors une sorte de darse. Reconstruit au XIIe siècle, le Campanile formait un angle et était adossé sur deux côtés aux édifices qui se trouvaient devant l'emplacement actuel des Nouvelles Procuraties (Hospice Orseolo) et dans la zone de la Libreria. Endommagé à plusieurs reprises, le Campanile fut reconstruit entre 1511 et 1514 par Bartolomeo Bon, d'après les plans de Giorgio Spavento. La tour carrée, détachée cette fois des édifices voisins, fut ornée de cannelures jusqu'aux cintres et prit ainsi l'aspect d'un pilier de l'époque classique. Au-dessus de la cage du clocher, où s'ouvrent des fenêtres bigéminées, se dresse un tambour qui soutient le toit en pyramide et une statue de l'*Archange Gabriel*. L'inauguration fut l'occasion de grandes fêtes. En 1902 le Campanile s'effondra et l'on décida de le refaire « comme il était et là où il était ». La reconstruction prit fin en 1912, en même temps que celle de la Loggetta de Sansovino, impliquée dans l'écroulement. De la cage du clocher, où Galilée se livrait à des essais avec sa lunette, on jouit d'une belle vue sur la lagune et sur la ville, jusqu'aux Alpes.

LA LOGGETTA DE SANSOVINO

Sansovino a placé cette Loggetta au pied du Campanile. Il a mis dans les niches les statues en bronze d'*Apollon*, de *Mercure*, de la *Paix* et de *Minerve*. La *grille* et les petits *Amours*, à l'extrémité de l'attique, sont de A. Gai.
Entre la Loggetta et la Tour de l'Horloge trois *piliers* de A. Leopardi ont remplacé d'anciens piliers en bois. Un profil du *doge Loredan* est visible sur celui qui est au centre.

LA LIBRERIA MARCIANA

Le Libreria Marciana ou Sansoviniana occupe toute la partie ouest de la Piazzetta. En 1536, le Sénat de la République en confia la réalisation à Sansovino. Elle devait abriter la collection de livres précieux que le cardinal Bessarion avait léguée à la ville. L'édifice comprend deux ordres: le portique est dorique et l'étage supérieur ionien. Deux grandes cariatides flanquent le portail. A l'intérieur, un grand escalier à deux rampes imite la « Scala d'Oro » (l'escalier d'or) du Palais des Doges et mène à un vestibule dont le merveilleux plafond est l'œuvre de Stefano et Cristoforo Rosa (moitié du XVIᵉ siècle).

La Libreria possède d'importantes pièces anciennes de la Bibliothèque Marciana, parmi lesquelles le célèbre *Bréviaire Grimani*, manuscrit enluminé d'école flamande, et le *Mappamento de Fra' Mauro* (1549). On trouve ici des centaines de milliers de textes à consulter et à étudier et de rares exemplaires de manuscrits grecs et latins et les « *Diari* » de Marini Sanudo.

Sansovino est aussi l'architecte de la Zecca où l'on frappait les fameux « zecchini » (sequins) en or. En 1905 la Libreria Marciana prit possession de ce palais.

Une image de la Libreria Marciana.

La Piazzetta Saint-Marc sur laquelle donnent quelques-uns des principaux monuments de la ville.

Vue de la Basilique Saint-Marc, principal monument de la ville.

LA BASILIQUE SAINT-MARC

Saint-Marc est le monument-symbole de l'église locale mais aussi du pouvoir politique étant donné que la basilique a été créée comme chapelle des Doges. C'est seulement au XIXᵉ siècle qu'elle devient le siège du patriarcat. Les Procureurs de Saint-Marc n'appartenaient pas au clergé, mais ils avaient l'honneur et le devoir de prendre soin de la Basilique. Le « Primicerio », aristocrate de la République vers qui étaient tournés les chanoines et les vicaires pendant les offices, était désigné par le doge. Toute la vie de Venise tournait autour de Saint-Marc, véritable cœur de la cité: après son élection, le doge y était acclamé publiquement; c'est là qu'il bénissait et saluait solennellement les chefs placés à la tête de la flotte de Venise ou de son armée.

Cinq *porches* s'ouvrent sur la **façade** et cinq coupoles de style oriental confèrent en même temps à toute la structure un aspect solide et plein de mouvement. Les sculptures des portails se rapportent à la *Récupération du corps de l'Evangéliste*. En partant de droite on voit le *Vol et l'arrivée à Venise de la Dépouille* (de Pietro Vecchia) puis les *Vénitiens qui vénèrent saint Marc* (mosaïque de Sebastiano Ricci) et le *Transport des reliques du saint dans l'église*. En son centre le portail est couvert de bas-reliefs d'ateliers vénéto-romans qui représentent les *Métiers*, les

17

Détail de la façade de la Basilique Saint-Marc.

Détail du portail principal avec la mosaïque de Liborio ►
Salandri (1836) figurant le Christ en gloire et le
Jugement dernier.

Détail du portail de Saint-Alipius avec la mosaïque ►
représentant la Translation du corps de saint Marc
dans la Basilique.

NISEPEBSLALBOIBUS 7COLITHYMNS ✠UT VENETOS SEMPER SERVET

Basilique Saint-Marc, atrium: ci-dessus, vue générale du côté
gauche; ci-dessous une vue de la coupole dite ''de la
Genèse'' avec des mosaïques figurant les épisodes de la
Création de l'Homme et un détail représentant
la Construction de la Tour de Babel.

Vue générale de l'intérieur.

Mois et les *Vertus*. La grande mosaïque sise au-dessus
date du XIXe siècle. Elle représente le *Jugement dernier*
d'après un carton de Lattanzio.

En haut, au-delà d'une balustrade légère, on peut voir
quatre chevaux que le doge Dandolo ramena de Constantinople en 1204, comme butin de guerre. Ils sont de
Lysippe (IVe siècle av. J.-C.). Cet emplacement leur a
été réservé en 1251. En 1798 Napoléon s'en empara et les
envoya à Paris. En 1815, grâce à l'intervention de l'Autriche, ils reprirent le chemin de Venise. Depuis quelques
temps des copies remplacent les originaux qui, une fois
restaurés, ont été abrités à l'intérieur.

Derrière ces chevaux de bronze, aux formes puissantes,
quatre colonnes octogonales sont surmontées de chapiteaux du XIe siècle. Toute la statuaire de la partie supérieure est due au ciseau des Dalle Masegne qui y travaillè-
rent à partir de 1380.

Un côté de la Basilique donne sur la *Piazzetta dei Leon-
cini* (des petits lions). Elle est ainsi appelée en raison de
la présence de deux lions de marbre rouge et était le siège
du « marché aux herbes ». Cette façade rappelle la
façade principale avec ses arcades et ses statues en marbre
dans les édicules et dans les flèches. Les bas-reliefs et les
gargouilles sont de Piero Lamberti, auteur aussi de l'élégante *Porte des Fleurs* insérée sous la quatrième arcade.
Toujours de ce côté et sous un grand arc Luigi Borro a

sculpté le *Tombeau de Daniele Manin*, dont la dépouille
a été ramenée de Paris en 1868. Encore sur la Piazzetta
l'église **San Basso**, désaffectée, se présente avec une belle
façade baroque de 1675 — attribuée à Longhena — où
ont été placés les quatre panneaux de l'orgue de Saint-
Marc, de Giovanni Bellini; au fond, avec une netteté
toute formelle, se détache la façade néoclassique du
Palais du Patriarche, œuvre de Lorenzo Santi (XIXe siècle).

Une sorte de galerie, qui s'étend tout le long de l'église
sur 62 m de long, 6 de large et 17,35 de haut, et un grand
atrium précèdent l'**intérieur** de la Basilique. C'est une
succession de murs décorés de colonnes de provenances
très diverses. D'après la légende, certaines auraient été
prises au temple de Salomon. Le pavement est en marbre
et mosaïque. Des mosaïques décorent les arcades et représentent des scènes de l'*Ancien* et du *Nouveau Testament*.
C'est en grande partie l'œuvre d'ateliers de la région qui
ont travaillé d'après les cartons de Pietro Vecchia, de Sal-
viati, du Titien et de Pordenone.

Dans l'atrium se trouvent également les *tombeaux de
Marino Morosini (1253), Bartolomeo Gradenigo* (1342)
et de *Felicita Falier* (1101). Une *plaque de marbre* indique
l'endroit où Frédéric Barberousse s'agenouilla devant le
pape Alexandre III, le 23 Juillet 1177.

La Basilique est en croix grecque, à trois nefs, et est cou-

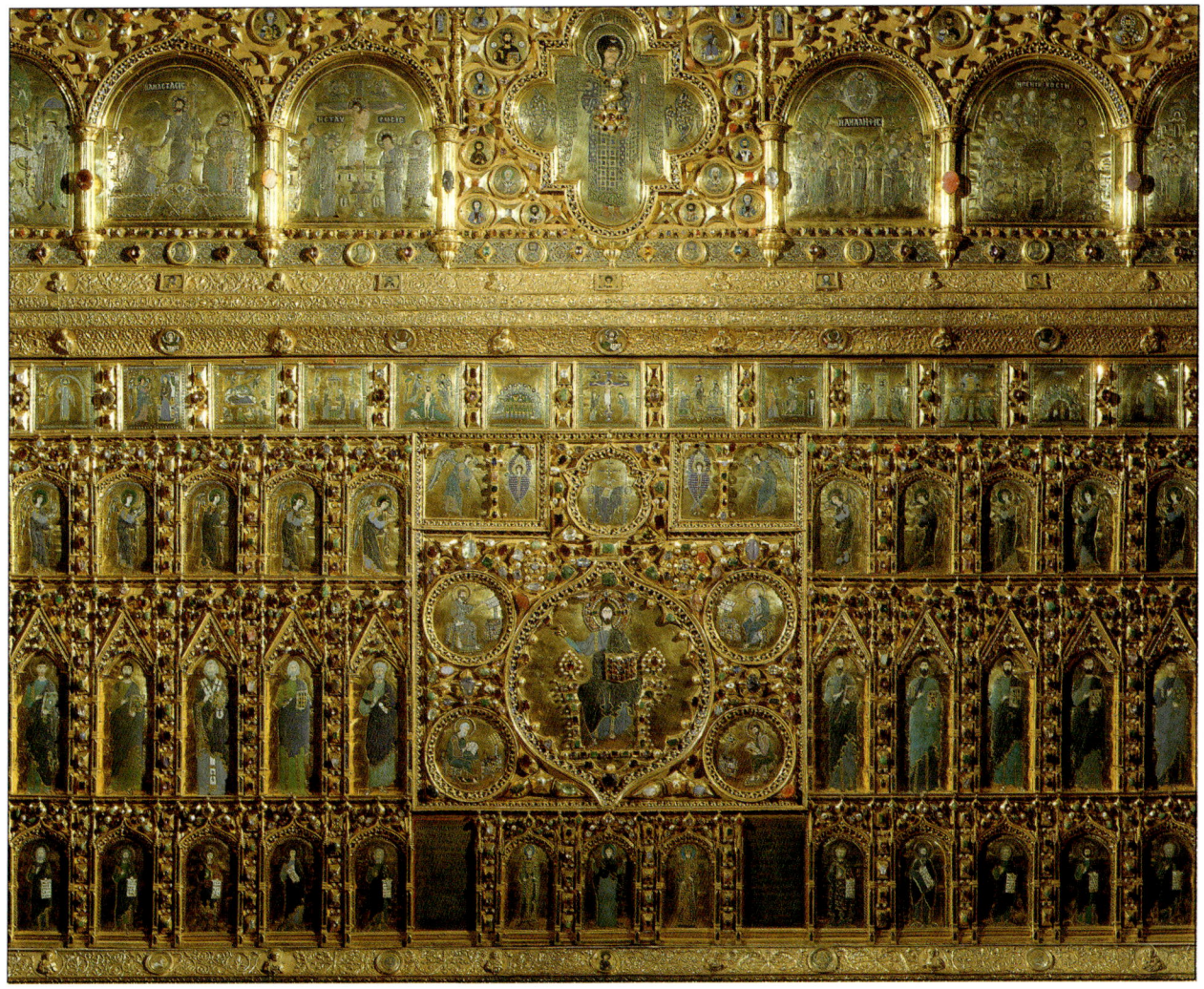

Vue de l'iconostase en marbres polychromes et de la grande
Croix en bronze doré exécutée en 1393 par l'orfèvre
vénitien Jacopo di Marco Benato. A gauche, le double
ambon du XIVe siècle.

La précieuse Pala d'Oro.

Pages suivantes, deux images de la Pala d'Oro (détails de la
partie centrale avec la Christ bénissant et les quatre
évangélistes; détail du registre inférieur avec des émaux, des
pierres précieuses et le cadre en relief), et la partie gauche
du transept avec l'iconostase et la Chapelle Saint-Pierre.

verte par cinq belles coupoles. Une loggia court tout au
long de l'église qui mesure 76,50 m de long (62,60 m au
transept). La coupole centrale mesure 43 m de haut à
l'extérieur et 28,25 m à l'intérieur. La nef centrale est
riche en chapelles construites à des époques différentes.
On passe devant la *Cappella dei Mascoli* dont le nom rappelle celui d'une confrérie réservé seulement aux hommes. L'*autel* (1430) est attribué à Giovanni Bon et est en
style gothique flamboyant; on ne connaît pas l'attribu-
tion exacte des mosaïques qui appartiennent à une
période de transition entre l'Ecole de Venise et la Renaissance. La *Chapelle de la Vierge « Nicopeia »* est consacrée à la fameuse image de la Vierge Victorieuse peinture
byzantine avec émaux, antérieurs à l'an 1000, qu'Enrico

Dandolo transporta de Constantinople à Venise en 1204
avec les fameux chevaux de la façade. L'*autel Saint-Paul*,
beau travail de la Renaissance, précède la Chapelle de la
Nicopeia. Le corps de saint Marc était précédemment
conservé dans la *Crypte de Saint-Marc*, sous le presbyterium. La *Chapelle Saint-Pierre* est ornée de statues des
Dalle Masagne; viennent ensuite les mosaïques représentant *Saint André* et *Saint Mathieu*, le tabernacle gothique
des reliques et enfin, toujours en mosaïque, un *Saint
Pierre* du XIIIe siècle.
Par deux portes situées derrière l'autel on passe dans la
Sacristie et dans la **Petite Eglise Saint-Théodore**. Les
mosaïques de la voûte de la sacristie sont attribuées au
Titien. L'église date de la Renaissance et servit de cha-

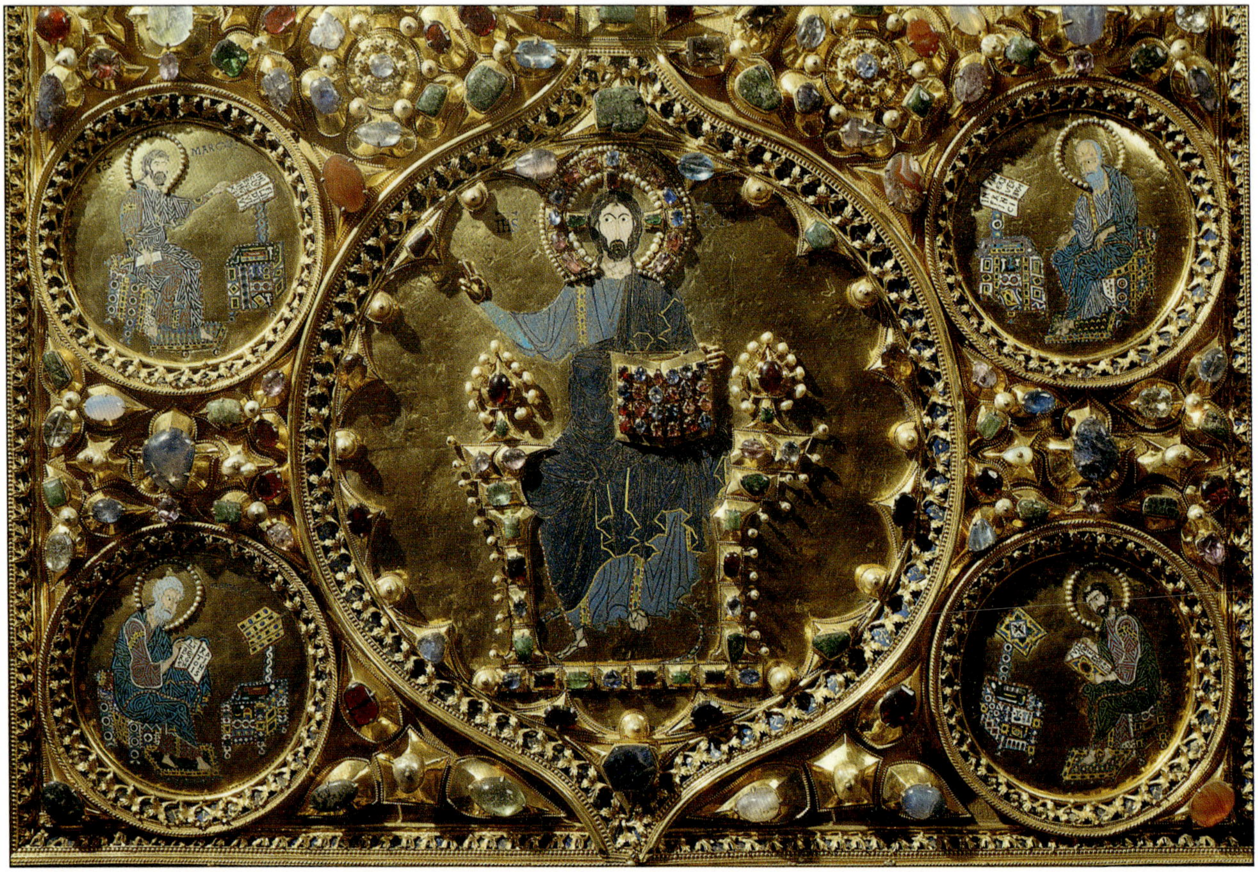

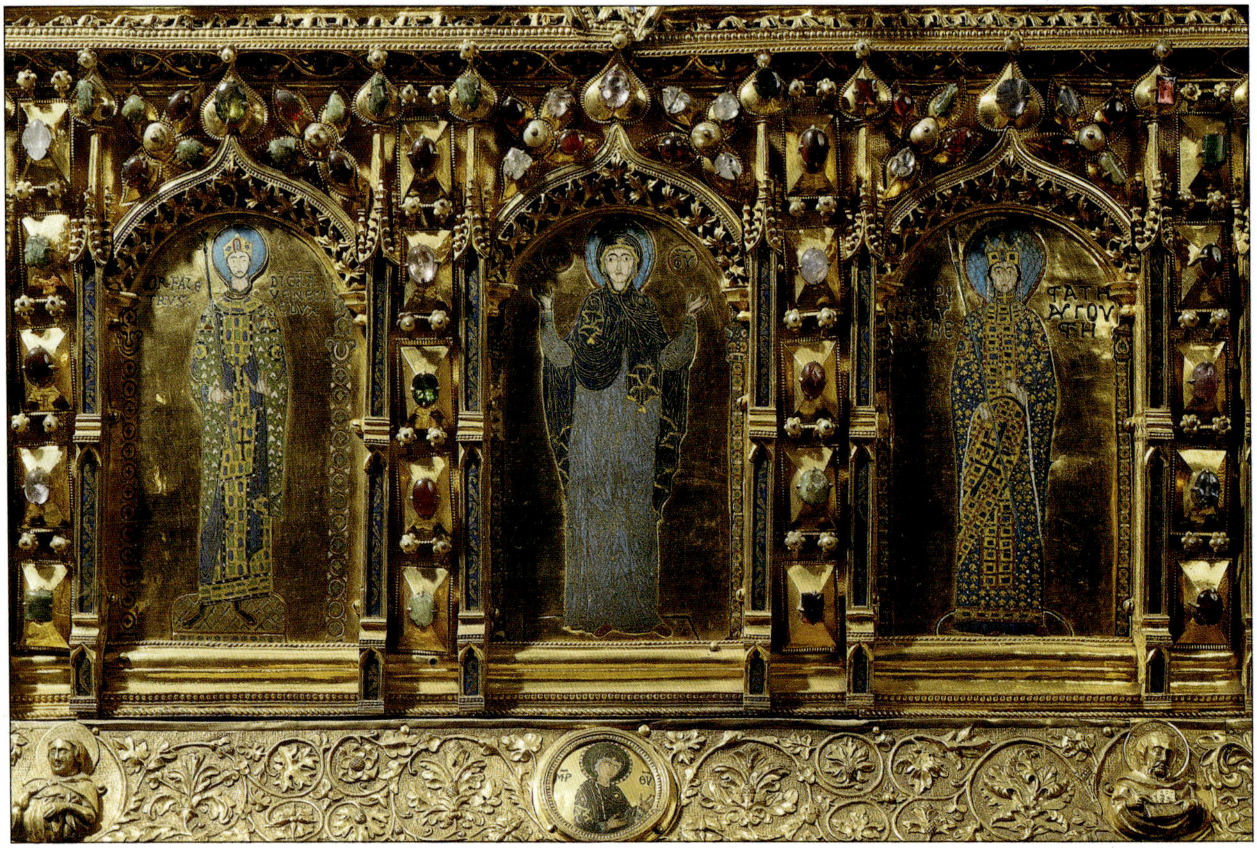

pelle au Saint-Office. Dans la salle du chapitre se trouve une *Adoration de l'Enfant*, toile peinte en 1732 par G. B. Tiepolo. De la chapelle Saint-Pierre on peut aussi se rendre dans l'abside. Le *Christ bénissant* de la cuvette est une mosaïque remaniée au XVIe siècle. Les mosaïques les plus anciennes de la Basilique, qui ont échappé à l'incendie de 1106, sont entre les deux fenêtres. La *porte en bronze* qui mène à la sacristie est de Sansovino.

Une tribune, soutenue par quatre colonnes d'albâtre oriental, se dresse au-dessus du *maître-autel*. Les bas-reliefs des colonnes sont dûs à des artistes vénitiens du XIIIe siècle. Plus haut, on peut voir les statues du *Rédempteur* et des *Evangélistes*. Huit statues entourent le ciborium: les quatre de gauche représentent les *Evangélistes* et sont de Sansovino, les quatre de droite représentent les *Docteurs de l'Eglise* et sont de Girolamo Paliari.

Il faut admirer, derrière l'autel, la fameuse et précieuse *Pala d'Oro*, chef-d'œuvre d'orfèvrerie qui mesure 3,48 m

Vue de l'autel du Saint Sacrement dans l'abside centrale avec les colonnes torses en albâtre et le volet du tabernacle de Sansovino.

Vue de la Chapelle de la Vierge Nicopeia, avec l'autel de Tommaso Contino, de 1617.

La Chapelle Saint-Isidore, en marbres polychromes, et la voûte couverte de mosaïques du XIVe siècle.

Une mosaïque dans le Baptistère représentant la Danse de Salomé (Ecole vénitienne de la moitié du XIVᵉ siècle).

Trésor de Saint-Marc: Icône de la Crucifixion (art byzantin, v. XIIᵉ siècle).

de large et 1,40 m de haut. Le doge Pietro Orseolo (976-978) en passa la commande à des artistes de Constantinople; elle fut ensuite enrichie en 1105 avec des émaux et de l'or provenant du monastère du Pantocrator et amenés ici à l'époque de la IVᵉ Croisade. Boninsegna se livra à un remaniement quasi total. Parmi les émaux, la *Vie du Christ*, la *Vierge* et *Saint Marc* mérite une attention particulière.

La coupole du presbyterium est entièrement couverte de mosaïques représentant des scènes d'*Histoire Sainte*.

Face au maître-autel, une balustrade à huit colonnes surmontées d'un linteau, sert de base à quatorze statues. Les mosaïques du grand arc qui s'élance au-dessus nous montrent des scènes de la *Vie de Jésus* dont les cartons ont été donnés par le Tintoret. Du presbyterium les doges et les hauts magistrats de la République assistaient aux cérémonies religieuses.

La *Chapelle Saint-Clément* est ornée de statues sculptées par les Dalle Masegne. Par une petite fenêtre grillagée, à droite de l'autel, le doge pouvait assister à la messe sans être vu.

La **Salle du Trésor de Saint-Marc** est précédée d'une pièce où l'on abrite 110 reliquaires et divers objets du culte. Dans la salle proprement dite se trouvent les pièces et les

Les célèbres chevaux de la Basilique Saint-Marc.

Vue générale sur les coupoles de Saint-Marc. ►

Vue de la Piazzetta. ►

objets précieux dont les Vénitiens ont fait don à la République, au fil des ans.

Le bas-côté droit est couvert de belles mosaïques d'ateliers vénitiens. Sous la dernière arcade un *bénitier* de Lombardo.

Les Vénitiens appellent parfois le **Baptistère** « l'église des putti ». C'est là que se trouvent les *tombeaux d'Andrea Dandolo* et du *doge Giovanni Soranzo*. Les *fonts baptismaux* ont été dessinés en 1545 par Sansovino, enseveli sous la pierre tombale sise devant l'autel. Les mosaïques des voûtes et de la coupole sont l'œuvre d'ateliers vénitiens du XIVe siècle. La **Chapelle Zen** est dédiée au cardinal de ce nom qui a légué à Venise une partie importante de ses biens. L'autel, de style lombard, est en

bronze. Au-dessus, une statue appelée la *Vierge à la chaussure*: d'après une légende, un pauvre aurait donné sa chaussure à la Vierge et elle se serait transformée aussitôt en or. Des mosaïques du XIVe siècle racontent la *Vie de Saint Marc*.

Une porte près de la porte centrale donne accès au **Musée Marciano**. Il renferme de précieuses collections d'œuvres d'art, de dentelles, de tapis et de tapisseries. A remarquer tout particulièrement les beaux *volets d'orgue* réalisés par Giovanni Bellini, et les *tapisseries* exécutées d'après les dessins de Sansovino.

On peut voir aussi dans ce musée le *polyptyque* peint par P. Veneziano qui jadis recouvrait la Pala d'Oro du maître-autel.

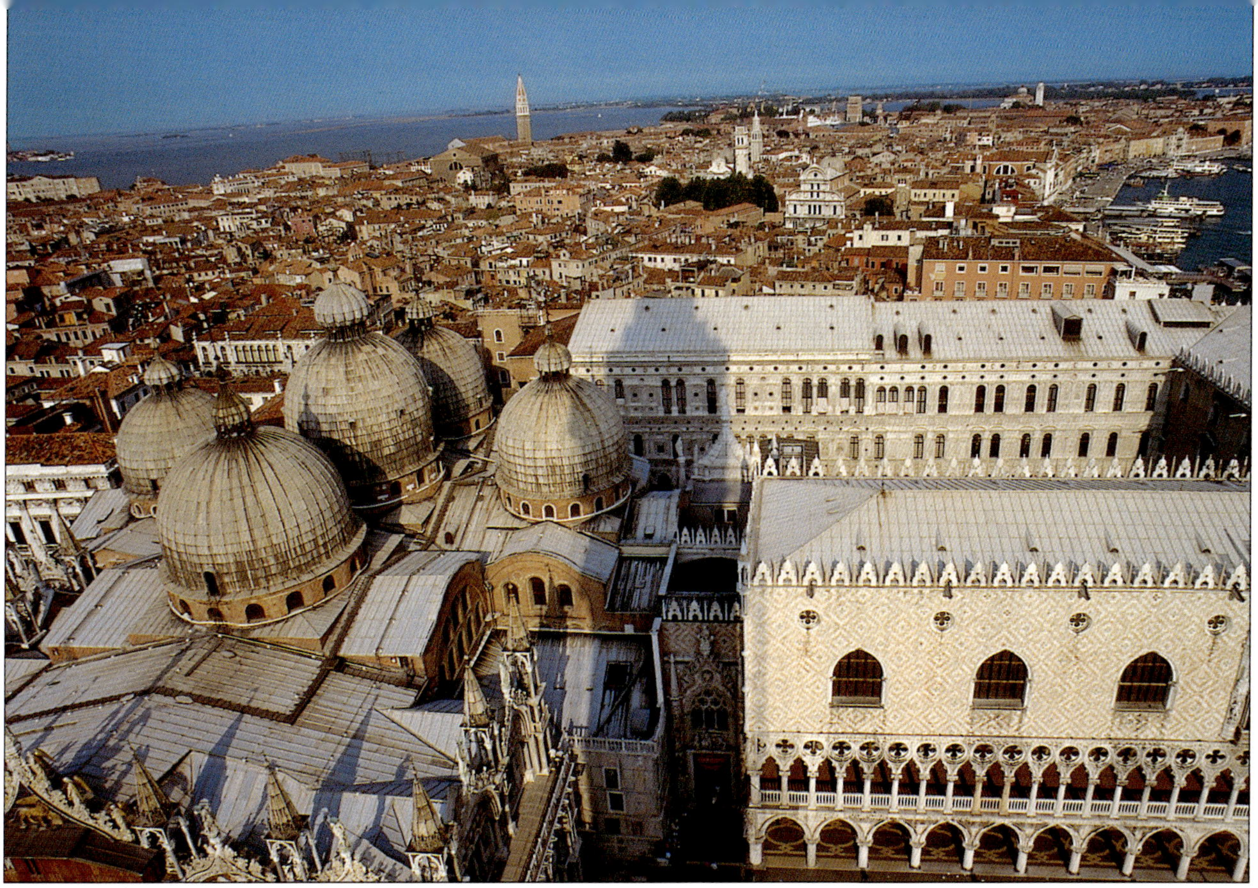

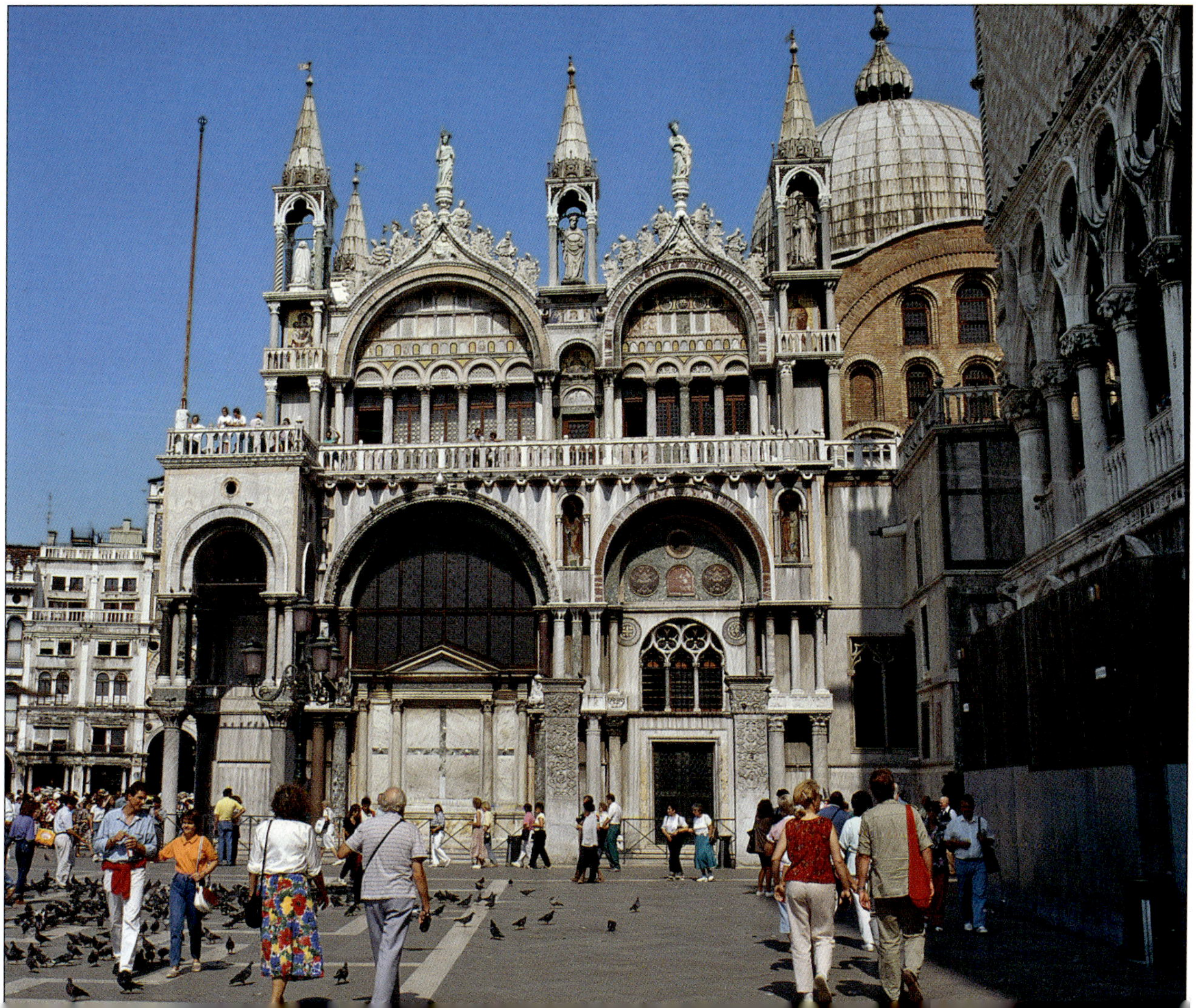

PALAIS DES DOGES

La construction du premier palais réservé aux doges ne peut qu'être postérieure au transfert du siège du Gouvernement de Malamocco à Venise, au début du IXe siècle, transfert permettant de mieux se défendre contre les ennemis venant de la mer.

Dans la deuxième moitié du XIIe siècle, Sebastiano Zani, élu doge en 1172, décida d'aggrandir l'ancien palais et la nouvelle construction respecta le plan que nous voyons encore de nos jours.

On peut supposer que ce nouvel édifice avait plutôt l'allure d'un château que celle d'un palais et qu'il comprenait par conséquent des tours et des systèmes de défense particuliers. En 1177 Frédéric Barberousse y séjourna lorsqu'il vint à Venise pour se réconcilier avec Alexandre III.

En 1301, les exigences de l'Etat, désormais protagoniste

dans le domaine économique et commercial, poussèrent le doge Pietro Gardenigo à décréter la construction d'un nouveau palais où trouveraient place la Salle des Réunions du Conseil et les Bureaux de la Chancellerie.

Les chroniques nous apprennent que les travaux furent confiés à Pietro Baseggio et à son gendre, Filippo Calendario.

Cette aile fut ensuite démolie, en 1410, quand on édifia la Salle du Grand Conseil. La grande baie donnant sur le môle fut exécutée par Jacobello et Pier Paolo Dalle Masegne en 1404, sur ordre de Michele Steno, ainsi qu'en fait mention une inscription placée au-dessus du balcon. C'est un bel ouvrage en style flamboyant.

Ayant constaté la différence entre l'aile donnant sur le môle et celle du côté de la Piazzetta, dite aile Ziani, le Sénat décida la destruction de cette dernière et la construction d'une autre semblable à la première et lui faisant suite.

Les travaux furent confiés à Giovanni et Bartolomeo Bon et commencèrent le 27 mars 1424, sous Francesco Foscari. Ils prirent certainement fin avant 1457. A la même époque (1438-1442), on édifia une porte entre la Basilique et le Palais. Elle prit le nom de « Granda » puis de « Dorée » et enfin « della Carta » (du Papier).

En 1483 un incendie détruisit la chapelle, différentes pièces et la Salle dorée dite des Plans. La reconstruction dura 15 ans, sous la direction d'Antonio Rizzo, de Vérone, qui dessina l'*Escalier des Géants*, la façade sur la cour et la façade sur le « rio » du Palais. Mais en avril 1498 il dut s'enfuir, accusé de fraude dans les fournitures. La suite des travaux fut confié au « contremaître » Pietro Lombardo. Jacopo Sansovino acheva la partie orientale entre la petite cour des Sénateurs, adossée à la Basilique, et le premier corps de l'édifice, vers la lagune.

Un autre incendie, éclaté le 11 mai 1574, endommagea les salles du Collège et de l'Avant-collège; le 20 décembre 1577 un incendie encore plus grave ravagea la Salle du Grand Conseil et du scrutin et dévora des œuvres de Bellini, Carpaccio, Véronèse et du Tintoret. Antonio Da Ponte procéda à la reconstruction, fidèle à l'ancienne architecture, dans le délai de 8 mois fixé en accord avec le contremaître.

A l'**extérieur**, le haut de l'édifice est moins ajouré que le bas. De la Porte « della Carta » au Pont « della Paglia » le rez-de-chaussée est occupé par un portique à arcs de plein cintre en contrecourbe. A l'étage supérieur on retrouve dans la loggia des voûtes en plein cintre en contrecourbe, percées au sommet de cercles quadrilobés. Le premier étage est à la hauteur de cette loggia. Il comprend d'immenses salles tirant leur éclairage de grandes fenêtres en ogive. Une étroite corniche borde le haut des façades et est surmontée d'une crénelure où les pinacles alternent avec des motifs perforés. Des édicules aérés ornent les angles.

Après l'incendie de 1577, on plaça une statue de la Justice, d'Alessandro Vittoria, sur la grande fenêtre donnant sur le môle. Les niches latérales abritent des statues de *saint Théodore* et de *saint Georges*; cette dernière est d'Antonio Canova. La grande fenêtre qui donne sur la Piazzetta a été ouverte en 1537, d'après les dessins de Jacopo Sansovino. Ses élèves ont sculpté les statues de *Neptune* et de *Mars* placées dans des niches latérales. Le groupe du balcon représente le *Doge Andrea Gritti agenouillé devant le Lion ailé*. C'est une copie de Ugo Bottasso, l'original ayant été détruit pendant les mouvements révolutionnaires de 1797. La statue de *Venise*, au sommet du balcon, a été sculptée par Alessandro Vittoria en 1579. Les chapiteaux du portique, au rez-de-chaussée, comme ceux de la loggia, sont tous sculptés. Les plus beaux se trouvent du côté du môle, car une partie de ceux de la Piazzetta sont des copies des chapiteaux du Palais dit Ziani.

Les plus intéressants ornent la 17ᵉ colonne à partir du Pont « della Paglia » (ils représentent les *Philosophes*) et la 7ᵉ à partir du môle, sur le Piazzetta: on y voit un *Mariage* et l'artiste, en 8 représentations successives, décrit la courbe de la vie d'un homme et les usages de l'époque en matière d'épousailles et de vie de famille, nous donnant aussi une description détaillée des coutumes de Venise au XIVᵉ siècle.

Deux groupes de sculptures se trouvent aux angles des façades. On peut voir, du côté du Pont « della Paglia », l'*Ivresse de Noé* (au rez-de-chaussée) et l'*archange Raphaël avec le Jeune Tobie* (dans la loggia à l'angle de la Porte et du môle), *Adam et Eve* sur la colonne d'angle et l'*archange Michel* sur la loggia; du côté de la Basilique, le *Jugement de Salomon* (attribué à Pietro Lamberti ou à Nanni di Bartolo) et, en haut, l'*archange Gabriel* de Bartolomeo Bon.

La « **Porta della Carta** » constitue une des entrées principales du Palais. L'autre est la « **Porta del Frumento** » (Porte du blé), sur le môle. En 1610 on ouvrit une troisième entrée (la « **Porta dell'Armar** ») sur la Piazzetta. L'appellation « della Carta » viendrait des avis qu'on y affichait concernant les décrets du gouvernement. D'après une autre interprétation c'est le voisinage des Archives de l'Etat qui serait à l'origine de cette dénomination. Les écrivains publics avaient le droit de s'y installer. C'est l'œuvre de Giovanni et de Bartolomeo Bon mais la porte que nous voyons maintenant est le fruit d'une restauration radicale opérée au XIXᵉ siècle après la destruction de 1797. La *Tempérance* et la *Force* des deux niches inférieures sont attribuées à Antonio Rizzo; la *Prudence* et la *Charité* des niches supérieures aux Bon eux-mêmes. De la Porte « della Carta » comme de celle du « Frumento » on pénètre dans le **Cortile** où s'équilibrent parfaitement des œuvres qui s'échelonnent du XVᵉ au XVIIᵉ siècle. Les deux *margelles de puits*, en bronze,

◄ *La Porte de la Carta et la Fenêtre du doge.*   *La Cour des Doges.*

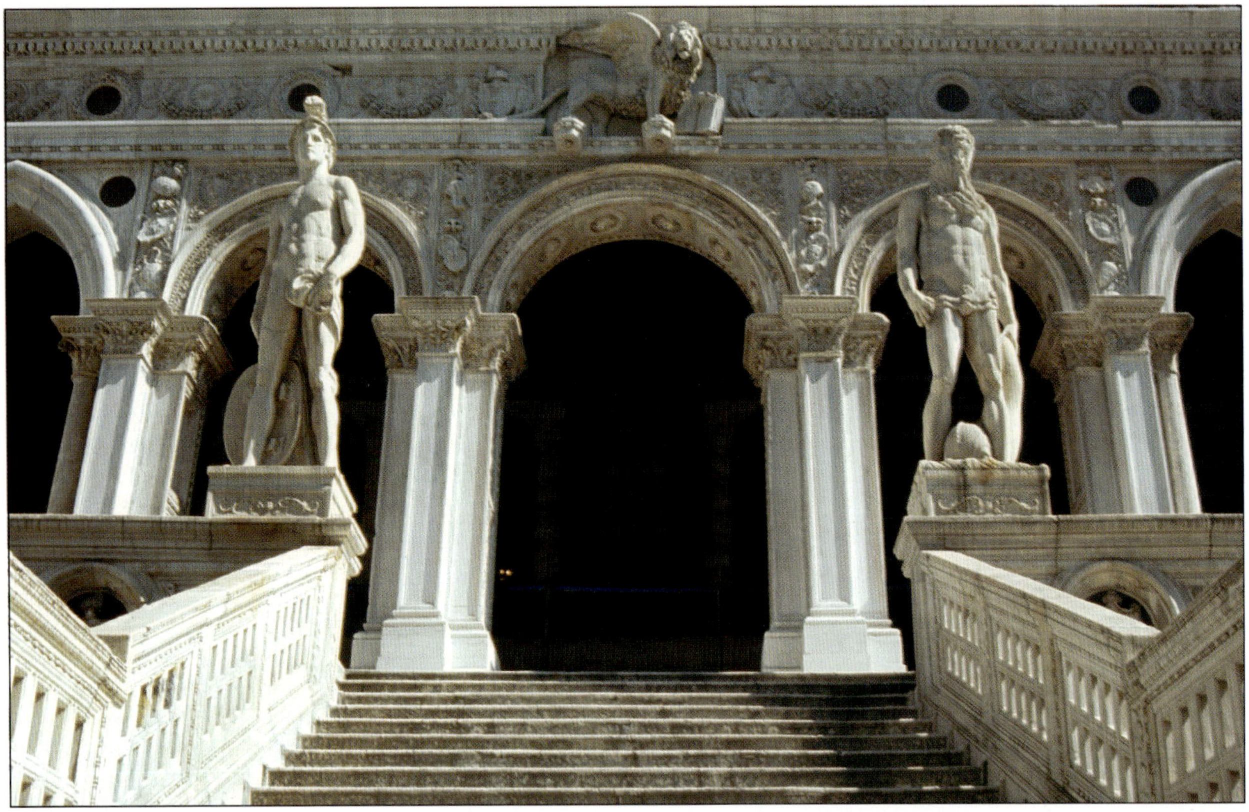

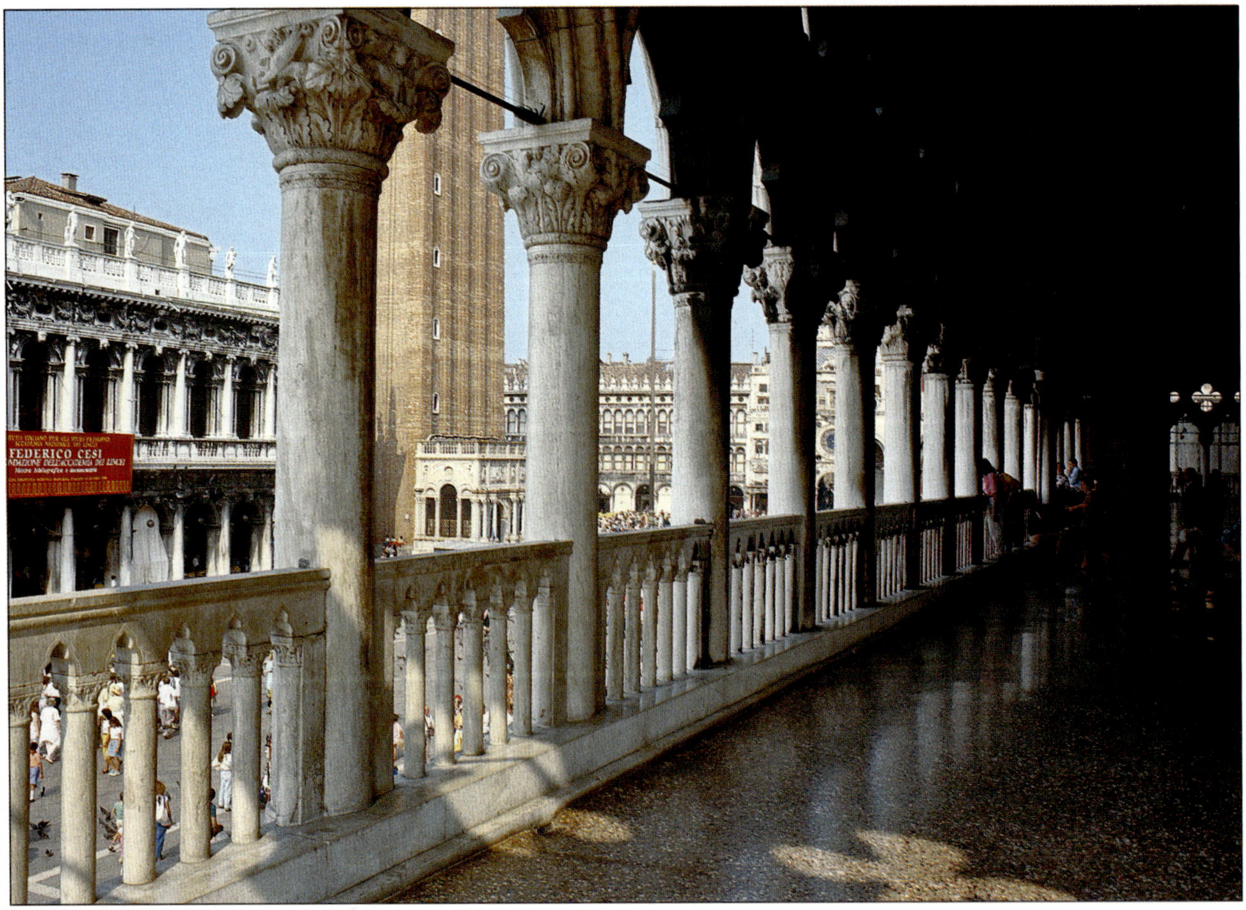
FEDERICO CESI

*La Cour des Doges: l'Escalier des Géants, vue de la colonnade
de la galerie, l'une des deux margelles de puits et l'Arc
Foscari avec la statue de Francesco Ier della Rovere, de 1587.*

sont dues aux maîtres fondeurs Alfonso Alberghetti
(1559) (celle qui est du côté du portique Foscari) et Nicolò
Costi (1556). Par la Porte « della Carta » on entre dans
le palais en passant sous La Cour des Doges: l'Escalier
des Géants, vue de la colonnade l'**Arco Foscari**, commencé par les Bon et terminé par Antonio Rizzo et Bregno. En face se dresse l'**Escalier des Géants**, orné des statues de *Mars* et de *Neptune*, de Sansovino. Au sommet de
l'escalier, on aboutit à un palier à arcades, au même
niveau que la loggia du premier étage. C'est là que se
déroulait la cérémonie d'intronisation du Doge qui, après
avoir prêté serment de fidélité à la République était cou-
ronné par le doyen des conseillers. Au pied de l'escalier,
du côté de la Basilique, on entre dans le « **Cortiletto dei
Senatori** » (petite cour des sénateurs) où, semble-t-il,
ceux-ci se réunissaient à l'occasion de certaines cérémonies.
La **façade orientale** de l'édifice a été bâtie par A. Rizzo
qui commença les travaux après l'incendie de 1483; Pietro Lombardo lui succéda. Scarpagnino s'occupa de la
partie de la façade qui fait face à la « Scala d'oro », en
utilisant les dessins de Rizzo. Les **façades** au sud et à
l'ouest remontent aux premières années du XVIIe siècle.
Le contremaître Bartolomeo Manopola dirigea les tra-

Deux images de la Scala d'Oro.

La Salle des Quatre Portes: un détail du plafond et une vue de la salle. La peinture de gauche représente l'Arrivée à Venise d'Henri III. ▶

vaux qui exigèrent la démolition des écuries et des prisons. Sur le côté nord du cortile (dit de l'Horloge) il y avait jadis la « Scala Foscara » dite aussi « del Piombo » parce qu'elle était couverte de lames de plomb. Au début du XVIIᵉ siècle on démolit cet escalier pour construire l'édifice où se trouve le monument du *Duc d'Urbin*, que le neveu de celui-ci, Francesco Maria della Rovere II, donna à Venise.

La **loggia** du premier étage, qui a trois côtés intérieurs et deux extérieurs, a été construite comme dégagement des bureaux de plusieurs magistratures. Sous la loggia, au sommet de l'Escalier des Géants, on peut lire une épigraphe de Vittoria qui rappelle la visite faite à Venise par Henri III, roi de France (1574); sous cette épigraphe se trouve une des nombreuses « gueules de lion » où l'on glissait les dénonciations anonymes. Par un portail, à droite de cette épigraphe, on entre dans la **Salle de la Chancellerie Inférieure**, c'est-à-dire le bureau du « Segretario alle voci », secrétaire qui tenait le registre des charges et devait rédiger les proclamations concernant les élections. Vient ensuite la « **Stanza dei Provveditori alla Milizia da Mar** » (Salle des Pourvoyeurs de la milice maritime) magistrature créée en 1571 pour équiper une armée navale capable de se battre contre les Turcs. Au fil des ans, de nouvelles tâches furent confiées à ces magistrats, comme par exemple la perception de l'impôt de

10% sur les traitements du personnel de la République et des privés.

La « **Sala prima** » et la « **Sala seconda dell'Avogaria** » étaient le siège des avocats dits « di Comun », sorte d'avocats fiscaux comparables à nos Procureurs de la République. On leur confiait le « Livre d'or » et le « Livre d'argent » contenant respectivement les noms des membres de l'aristocratie et ceux de la bourgeoisie. Après avoir traversé une deuxième salle et un couloir, on avait accès au **Pont des Soupirs** et, de là, au **Palais des Prisons** qui comprenait deux sections: les « plombs » et les « puits ». Ces derniers étaient au niveau de la lagune et on y enfermait les détenus coupables de délits particulièrement graves.

Sansovino a donné les plans de la « **Scala d'Oro** » (escalier d'or), commencée en 1538 et complétée par Scarpagnino en 1559. C'était le véritable escalier d'honneur par lequel le doge passait pour se rendre aux cérémonies officielles. Une rampe menait à l'appartement du doge. Sur l'escalier, réservé aux personnalités illustres et aux magistrats, s'ouvrent deux portes qui donnent accès à la « **Sala degli Scudieri** » (salle des écuyers) et à la « **Salle del Magistrato al Criminal** » (magistrat aux affaires criminelles).

Au sommet de l'escalier on entre dans un atrium carré dont le Tintoret a peint le plafond et Paolo Véronèse.

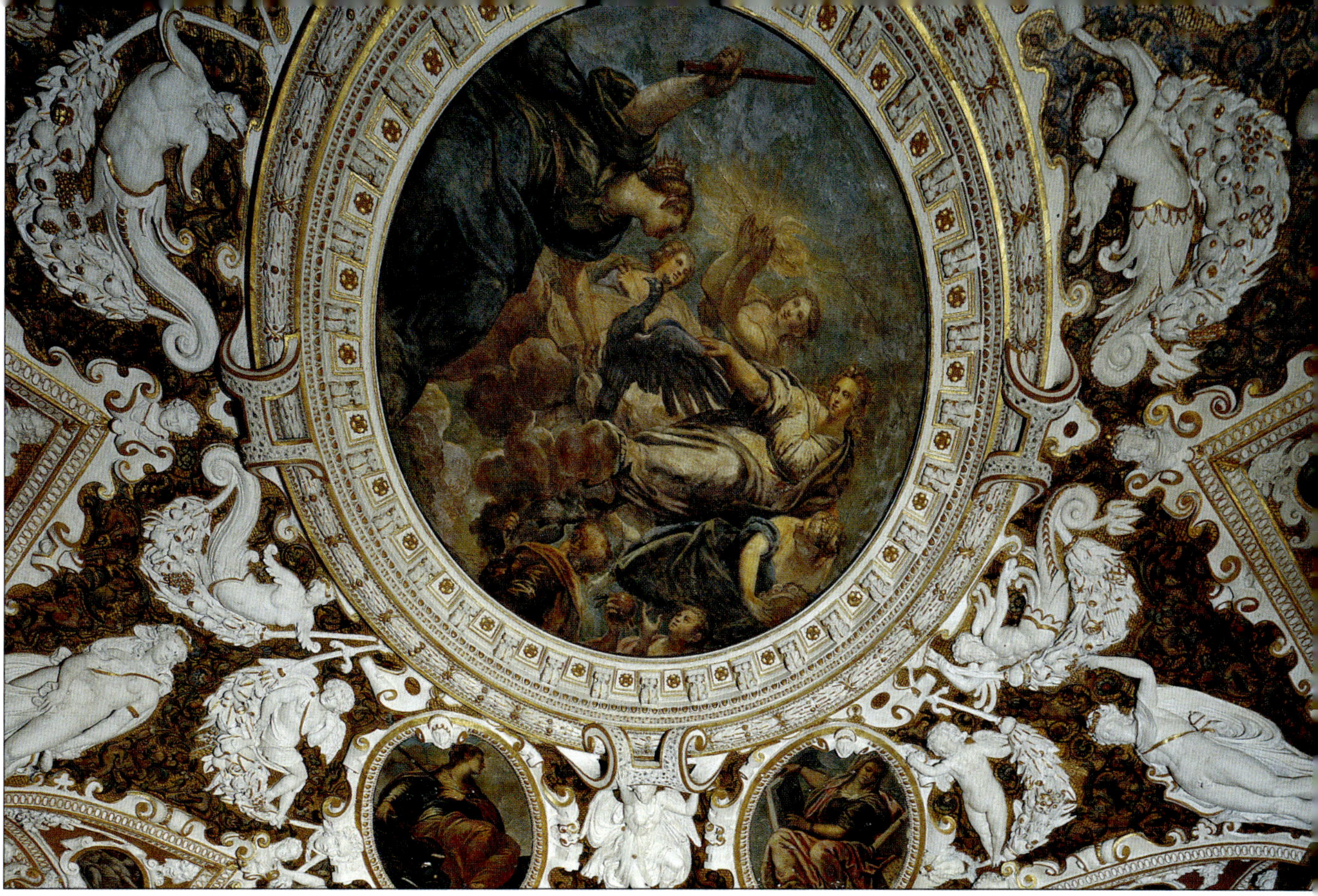

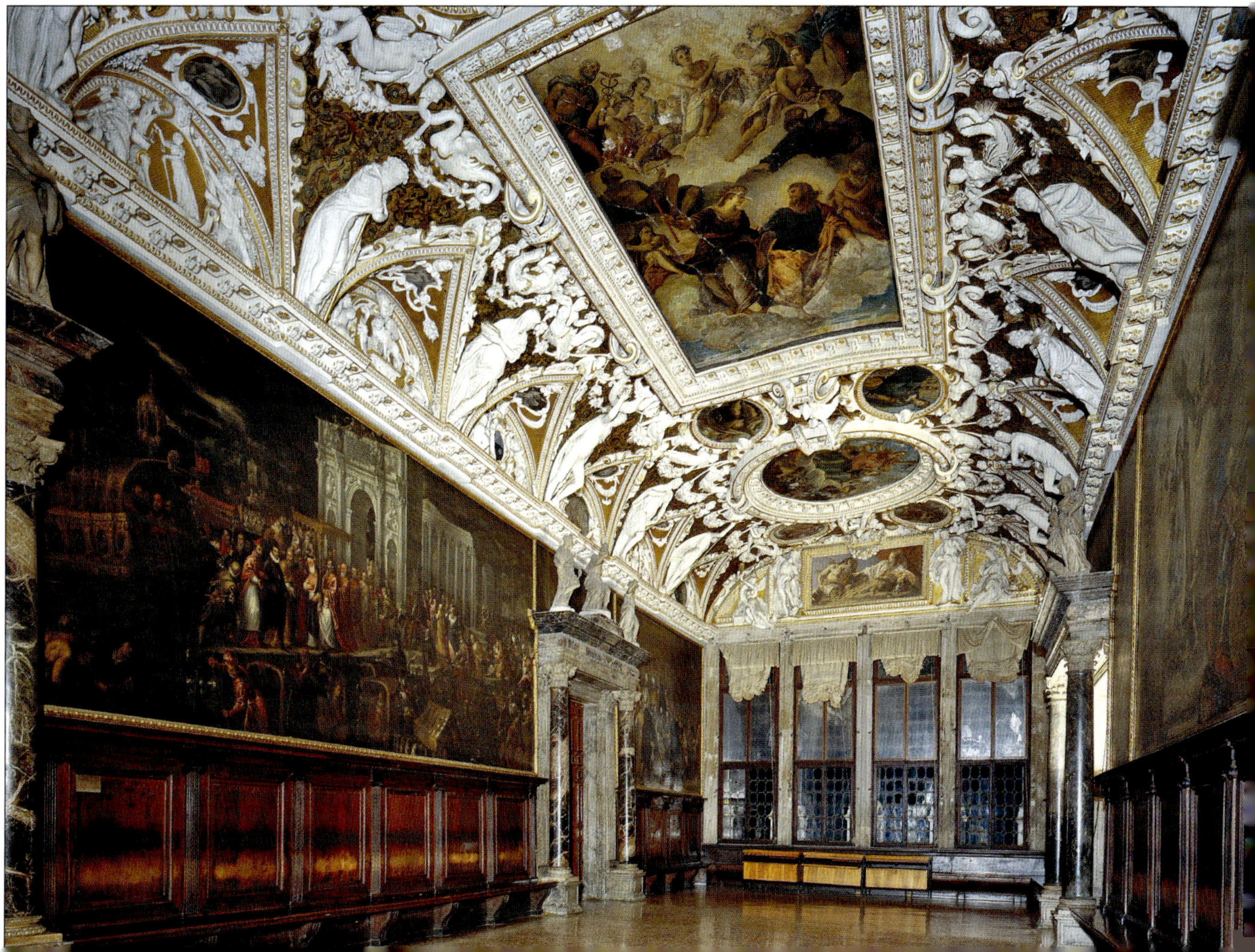

PA X
TIBI
MAR
CE E

VAN
GELI
STA
MEVS

◄ Vue de la Salle de l'Anticollège.

◄ Le Lion de Saint-Marc
   peint par Vittore Carpaccio.

Deux peintures dans la Salle de
l'Anticollège: le Rapt d'Europe,
de Paolo Véronèse, et la Découverte
d'Ariane par Le Tintoret.

Deux images de la Salle du Collège.

Une vue de la Salle du Sénat et un détail du plafond avec l'Allégorie de la Ligue de Cambrais. ►

avec F. Bassano, les murs. La porte de gauche donne accès à la **Chancellerie Ducale Supérieure** et à la salle du **Grand Chancelier**, celle de droite à l'**Escalier des Quatre Portes**, sorte d'antichambre de l'**Avant-collège** et du **Collège**. Le premier servait à ceux qui devaient être reçus par le doge en « collège »; le deuxième était utilisé pour les rencontres du doge avec les Seigneurs de la République, les « Salvi Grandi » et les Seigneurs de la « Terre ferme et des ordres », qui formaient le « Pien Collegio » (collège complet). On y traitait les affaires d'Etat.

Par un couloir sis près du *Trône* on arrive dans l'**Avant-église**, sorte de pièce de passage pour l'entrée dans les **Archives secrètes** et le **Bureau du Sage Caissier**. Dans cette petite église le doge assistait chaque jour à la messe. Il entrait par une porte à droite de l'autel qui, par un escalier, communiquait avec l'appartement sis à l'étage inférieur.

De la Salle des Quatre Portes on passe dans le **Vestibule du Conseil des Dix** puis à la **Salle du Conseil** qui précède la **Salle** dite « **della Bussola** » (du tambour) ainsi appelée parce qu'une clôture en bois (tambour) masque la porte qui se trouve à droite, dans un coin. C'est ici que se tenait le chef des sbires et c'est en somme la partie intérieure de

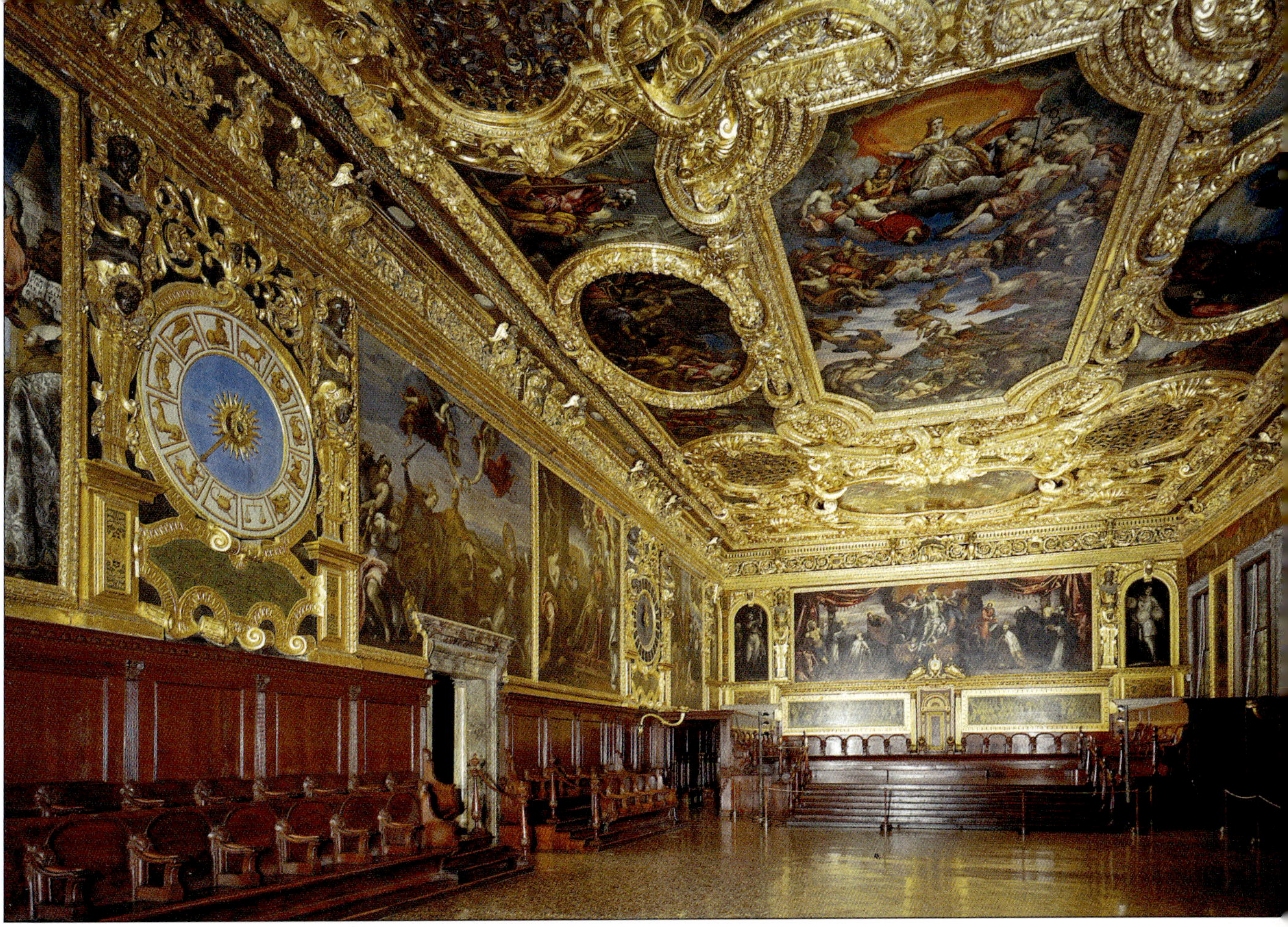

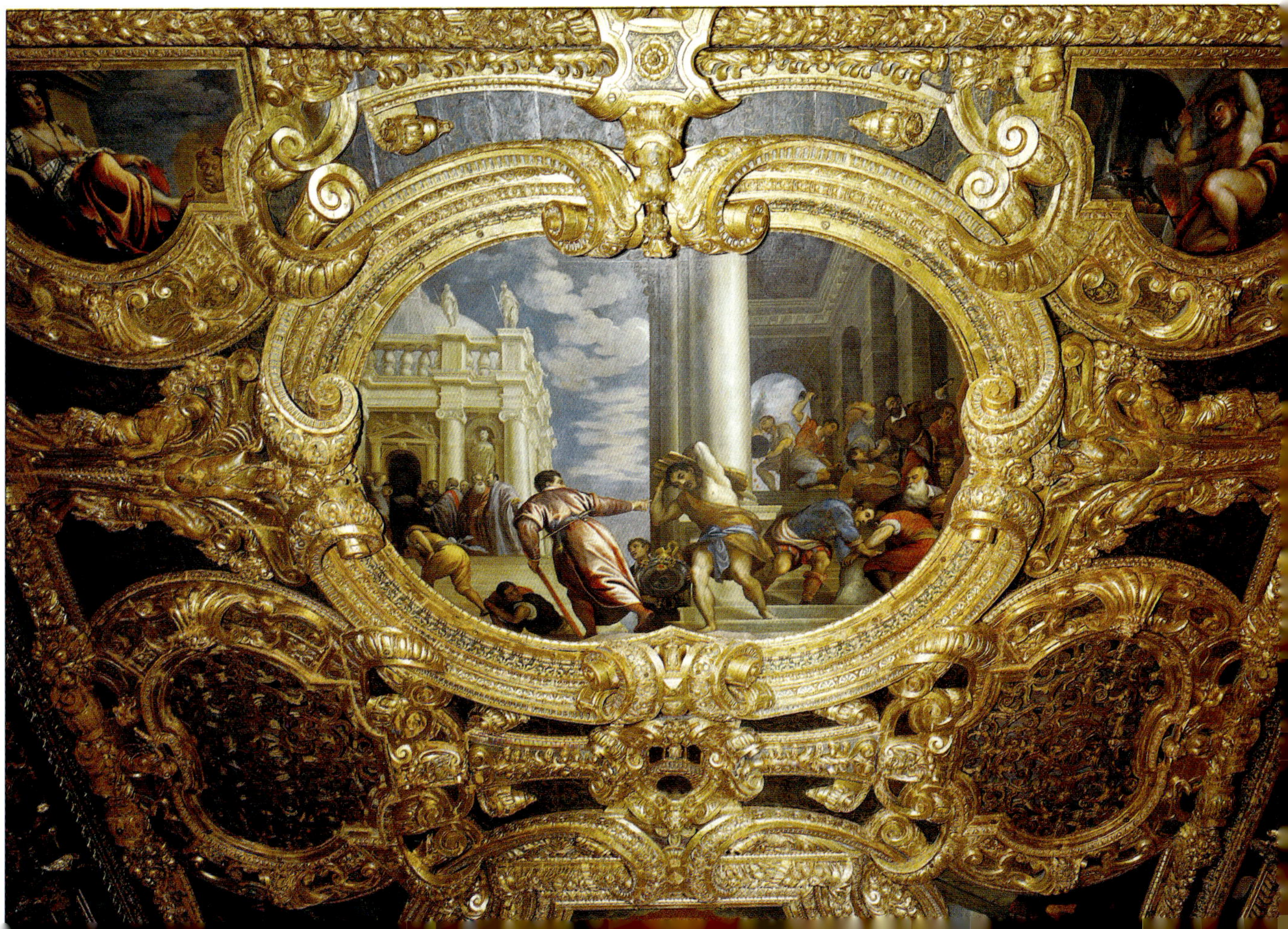

La Salle du Grand Conseil.

La Salle de la Quarantia Vecchia pour les procès civils et celle ▶
des procès criminels.

la « gueule du lion ». De là on va dans la **Salle des Trois Chefs du Conseil des Dix** qui, chaque mois, étaient désignés par le Conseil parmi les décemvirs. La pièce communiquait avec la **Salle des Inquisiteurs de l'Etat**; par deux couloirs on pouvait se rendre dans les prisons.

En sortant de la « Sala della Bussola » par la porte de gauche on entre dans un couloir qui mène à la **Salle des Censeurs** et au **Musée d'Armes**. Les trois salles de ce dernier, dédiées à Gattamelata, Morosini et Bragadin, abritent tout ce que l'on a pu sauver des dévastations de 1797. Par une porte au fond de la dernière salle on pénètre dans les appartements du doge, comprenant plusieurs pièces. Les conseillers du doge se tenaient dans la **Salle des Ecarlates** (de la couleurs de leur toge). La salle de l'**Ecusson** ou des **Cartes Géographiques** servait à l'exposition des armes du prince, pendant toute la durée de sa charge; c'est là également que se tenait sa garde personnelle. Les armes qui s'y trouvent actuellement sont celles du dernier doge, Ludovico Manin. La **Salle des Philosophes** est ainsi appelée parce qu'on y trouvait des portraits de douze *philosophes* peints par le Tintoret et Véronèse qui se trouvent maintenant dans la « Libreria Vecchia ». Le doge passait par cette salle pour rejoindre l'escalier menant à la petite église. Dans la **Salle des Stucs**, où on entre par

la dernière porte à gauche, on peut voir des œuvres de divers peintres dont le Tintoret et G. B. Veneziano.

On entrait dans la **Salle des Banquets** par une porte qui a été murée. Après le vestibule, on traverse d'abord la **Salle Erizzo**, ancienne salle de réception, puis la **Salle Grimani** à la belle cheminée de Lombardo.

En revenant sur ses pas et en traversant encore une fois les salles qui viennent d'être décrites, on entre dans la salle « **della Quarantia Vecchia al Civil** » (justice civile) puis dans la **Salle de Guariento**, où se trouvaient les armes mises à la disposition du Grand Conseil. On peut voir dans cette salle les restes du *Paradis* de Guariento endommagé lors de l'incendie de 1577. Du vestibule on pénètre ensuite dans la **Salle du Grand Conseil** qui mesure 54 mètres de long et 25 de large. Ici pouvaient siéger, de droit, tous les nobles figurant dans le « Livre d'Or » lorsqu'ils atteignaient l'âge de 25 ans, ainsi que trente patriciens entre 25 et 30 ans, tirés au sort chaque année le jour de la Sainte Barbe. Une toile immense (7,65 m par 24,6) domine le mur du fond. Le Tintoret l'a peinte entre 1588 et 1590 dans la « Scuola Vecchia della Misericordia » (Confrérie de la Miséricorde). Elle a été plusieurs fois restaurée. Dans cette salle se trouvent aussi des œuvres de Véronèse, de Palma le Jeune, de A. Vicentino et

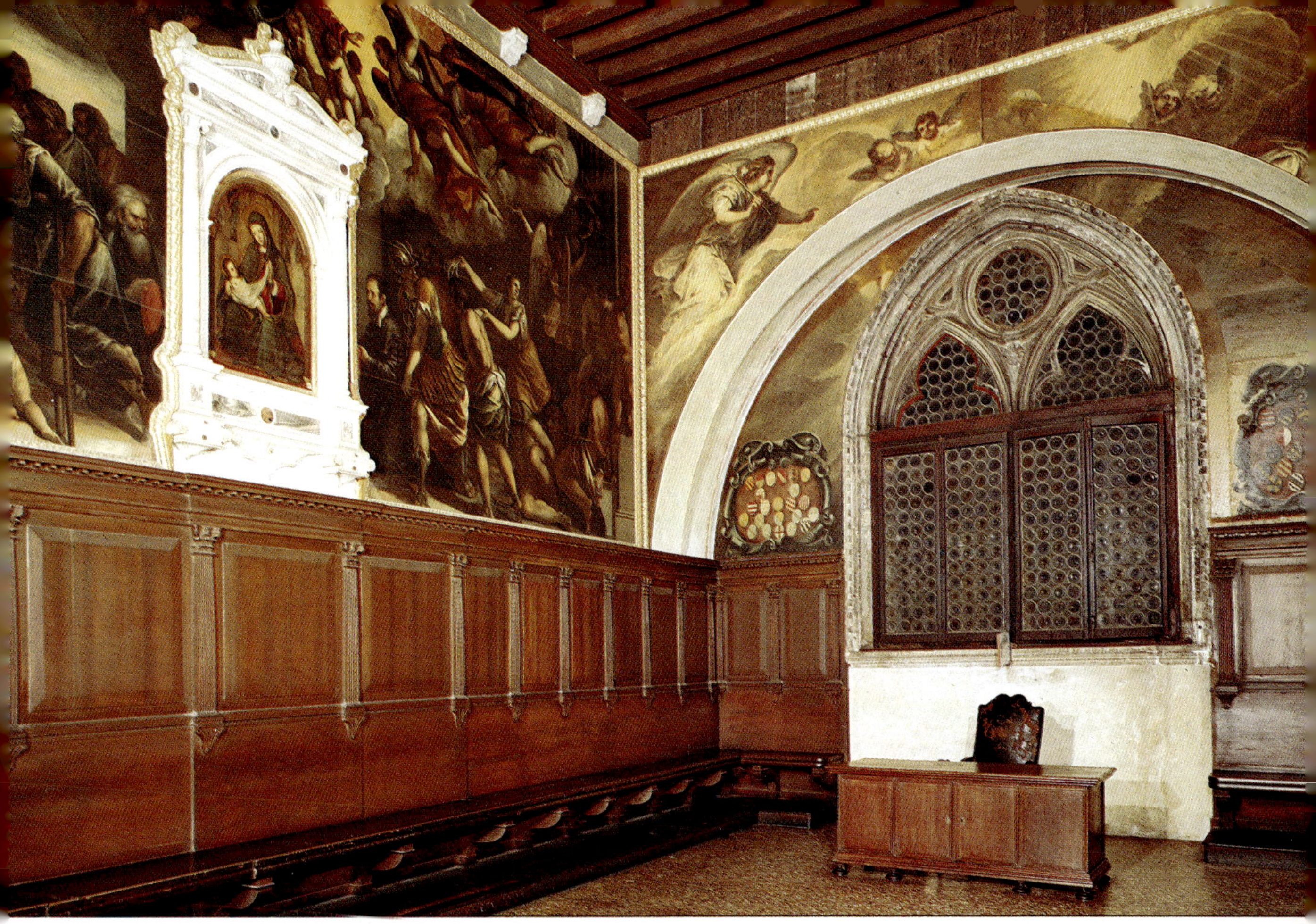

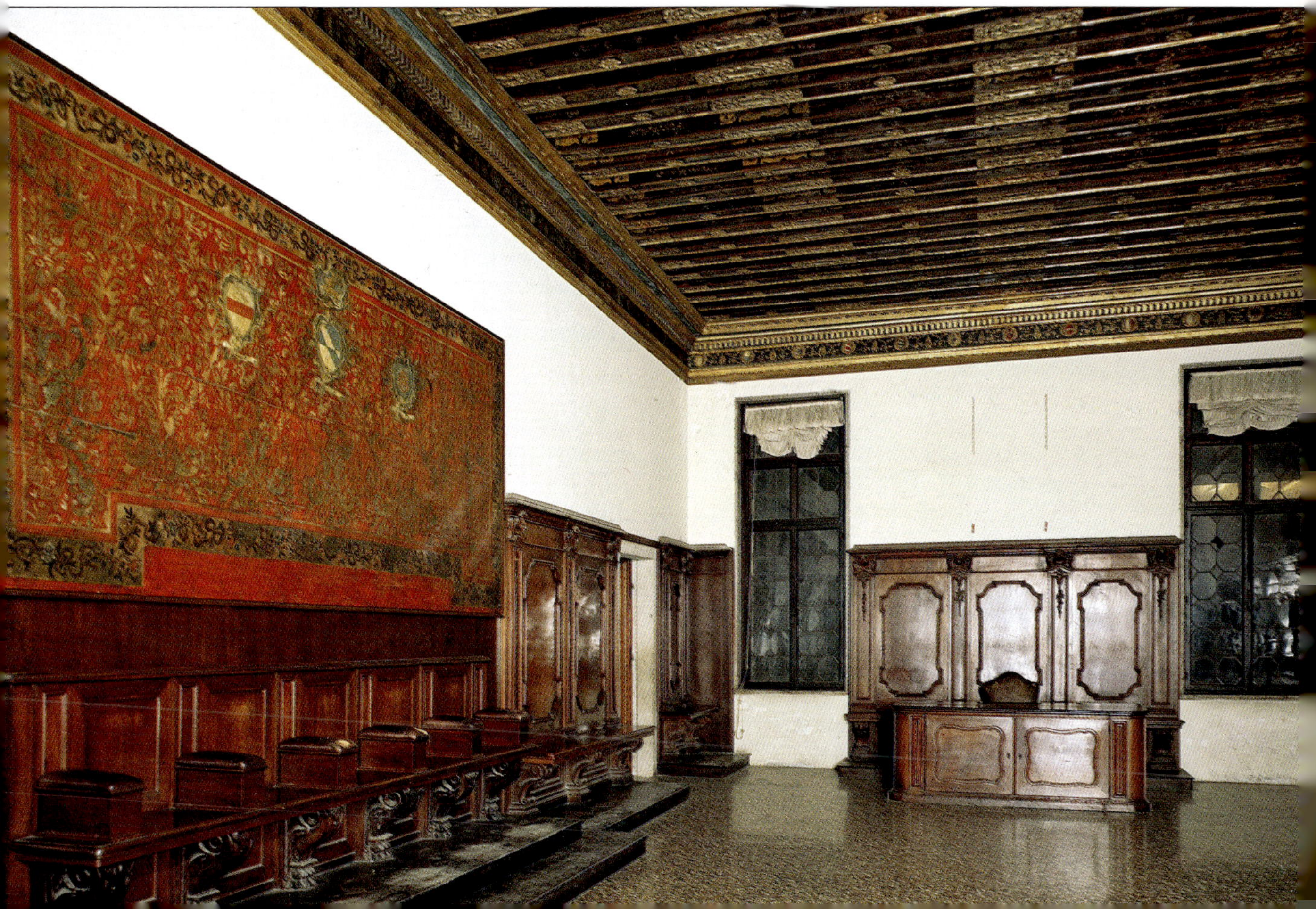

Trois doges célèbres: Alvise Contarini, Marcantonio Trevisan et Marcantonio Bragadin.

d'autres maîtres. Une frise orne trois côtés de cette salle: elle présente les *portraits des doges*, deux par deux, peints par le Tintoret. Un grand nombre de volumes de la Bibliothèque Marciana sont restés à cet endroit jusqu'en 1902.

Par l'escalier qui sort de l'**Arc du Péloponnésiaque** on descend dans la **Loggia Foscara** d'où l'on admire la Basilique, la Piazzetta et le môle. On y organisait les expositions des Congrégations des arts et métiers à l'occasion du couronnement du doge et de son épouse. De l'extrémité de la loggia on rentre à l'intérieur et l'on peut rejoindre la **Salle des Censeurs**, magistrature créé en 1507 pour éviter les truquages électoraux. On accède au **Palais des Prisons** dont les voûtes étaient en pierre d'Istrie. Un petit escalier en bois permet de descendre dans les « puits » où les cellules étaient numérotées avec des chiffres romains. Une seule a survécu aux destructions de 1797, celle qui porte le numéro VII: elle est revêtue en bois et on peut y voir la planche en mélèze qui servait de lit et une petite étagère.

Le **Musée de la Fabrique du Palais**, au rez-de-chaussée, abrite les originaux des chapiteaux de la colonnade extérieure du Palais des Doges (qui ont été remplacés pour être restaurés); des colonnes, des bas-reliefs et des pièces originales de la crénelure et du linteau de la « Porta della Carta ».

DENONTIE SECRETE
CONTRO CHI OCCVLTERÃ
GRATIE ET OFFICII,
Õ COLLVDERÃ PER
NASCONDER LA VERA
RENDITA Õ ESSI...

La gueule du lion pour les dénonciations secrètes.

Le couloir d'entrée aux Prisons nouvelles.

L'intérieur d'une cellule dans les prisons appelées ''les puits''.

PONT DES SOUPIRS

Ce petit pont sur le « rio » du Palais est l'un des monuments les plus connus de la ville et constitue une halte obligée pour tout visiteur. Sa réputation n'est pas liée à son architecture, bien qu'elle soit intéressante, mais dépend plutôt des nombreuses citations qu'en ont fait les écrivains du XIXe siècle, donnant naissance à son nom singulier. Du reste, dans les siècles passés, la traversée du pont donnait lieu à bien des soupirs de la part des prisonniers entraînés vers le tribunal ou reconduits dans leur cellule, sans doute tenaillés par la peur ou la certitude d'une détention dans les cachots étroits et sombres des Nouvelles Prisons de la République.

Elles avaient été construites entre le XVIe et le XVIIe siècle au-delà du « rio » du Palais; le doge Marino Grimani décida donc de relier le lieu de détention avec la salle de la Quarantia, du Tribunal et de l'Avogaria et il fit construire un pont comprenant deux étroits passages superposés. Edifié en 1602, peut-être d'après les plans d'Antonio Contin, ce pont a la particularité d'être placé en hauteur et d'être fermé. La portée de l'arcade est ornée de têtes; au-dessus une bande horizontale est rythmée par des pilastres en bossage et est percée de deux petites fenêtres ajourées, en marbre. Plus haut, un tympan de l'arc a en son centre un bas-relief représentant la *Justice* assise entre deux lions; il est surmonté de volutes.

47

RIVA DEGLI SCHIAVONI

La « Riva degli Schiavoni » (rive des Esclavons) constitue l'une des promenades habituelles des Vénitiens (et autres) depuis le XIXᵉ siècle, c'est-à-dire depuis l'ouverture des Jardins Publics créés par Napoléon qui sont situés dans la direction de l'extrémité orientale de cette rive. C'était une zone très fréquentée depuis longtemps: au IXᵉ siècle c'était le quai où accostaient les bateaux chargés de marchandises diverses qui étaient débarquées et vendues tout spécialement par les Slaves de Dalmatie, d'où le nom de cette rive.

Le **Pont de la Paille** date du XIVᵉ siècle. On y déchargeait la paille destinée aux écuries et aux grabats des prisonniers. On le traverse et on arrive aux **Nouvelles Prisons**, édifiées entre le XVIᵉ et le XVIIIᵉ siècle et reliées à l'arrière du Palais des Doges par le Pont des Soupirs. On rencontre ensuite le **Palais Dandolo**, du XVᵉ siècle, devenu l'Hôtel Danieli, où logèrent des personnalités comme Wagner, Musset, D'Annunzio, Dickens et Balzac; une fois passé le **Pont du Vin** et le **Pont de la Pietà** on arrive à l'**Eglise de la Pietà**, reconstruite par Massari entre 1745 et 1760 et annexe de l'**Hôpital de la Pietà** ou des Enfants trouvés. L'église abrite des sculptures et des peintures de grande valeur, comme le *Couronnement de la Vierge* de Giovanbattista Tiepolo; l'hospice, qui existait déjà ailleurs en 1348, a été le théâtre de l'activité d'Antonio Vivaldi entre 1703 en 1740.

Parmi les autres monuments de la Rive des Esclavons, il faut remarquer l'ancien **Monastère du Saint-Sépulcre**, qui servait d'hospice pour les pélerins se rendant en Terre Sainte, encore monastère de 1745 à 1806.

Le **Palais Gabrieli**, devenu lui aussi un hôtel, date du XIVᵉ siècle. Un bas-relief sur la façade représente l'*Archange Gabriel*; dans la cour on peut voir une élégante *margelle de puits*.

CANAL GRANDE

C'est une longue voie d'eau (près de 4 km) qui traverse la ville dans presque toute son extension. En parcourant ce canal on a la possibilité d'apprécier les plus beaux coins de Venise car il est flanqué des plus beaux palais de la ville. Le parcours se déroule en douceur et sépare l'agglomération en deux parties, reliées entre elles par trois ponts: le pont des « *Scalzi* », le *Rialto* et celui de l'*Académie*. Jadis le Canal Grande était le port de Venise, le lieu du commerce de la riche République. Au fil des années il perdit cette prérogative, étant donné que le port s'était déplacé; il devint le « salon » de Venise. A partir du XVe siècle des palais prestigieux, tantôt gothiques tantôt en style Renaissance ou baroque, prirent la place des anciennes maisons d'inspiration byzantine édifiées le long du canal. On est à l'époque de l'apogée de Venise et des églises monumentales alternent avec les palais sur les bords du Canal Grande: l'*Eglise San Simeone Piccolo*, l'*Eglise des Scalzi* avec sa façade baroque monumentale, l'*Eglise San Geremia*, grandiose, reconstruite au XVIIIe siècle, l'*Eglise San Stae*, du XVIIe siècle, l'*Eglise San Samuele*, édifiée au XIe siècle mais reconstruite à la fin du XVIIe, l'*Eglise Santa Maria della Salute*, imposante, l'un des meilleurs exemples d'architecture baroque à Venise. Du point de vue du style et de l'architecture les palais sont aussi importants: le *Palais Flangini*, du XVIIe siècle, le *Palais Querini* à l'aspect gothico-byzantin, le *Palais Correr Contarini*, du XVIIe siècle, le *Palais Giovanelli* édifié au XVe siècle dans un style gothique original, le *Palais Vendramin-Calergi*, œuvre de la Renaissance particulièrement raffinée et parmi le plus prestigieuses de Venise, siège, l'hiver, du *Casino Municipal*. Et encore le *Palais Belloni Battagia*, construit à la même époque que l'église Santa Maria della Salute par le grand architecte Baldassare Longhena, le *Fondaco dei Turchi* un véritable décor de théâtre, vénitien et byzantin, qui remonte au XIIe et au XIIIe siècle et est le siège du *Musée d'Histoire Naturelle*.

La *Ca' Corner della Regina*, qui sent le XVIIIe siècle, est le siège de la *Biennale de Venise*, la *Ca' Pesaro*, bel exemple de style baroque vénitien, abrite les *Musées d'Art moderne et d'Art oriental*, le *Palais Sagredo*, que l'on pourrait qualifier de sensuel, est d'origine byzantine mais a été remanié à l'époque gothique, la *Ca' d'Oro* a une façade très décorée et est le siège de la *Galerie Franchetti*; sur ce parcours on trouve ensuite le *Fondaco dei Tedeschi*, bizarre architecture du XIIIe siècle, le *Palais des Camerlinghi*, sobre et élégant, du XVIe siècle, le *Palais Grimani*, très intéressant exemple de style du XVIe siècle, le *Palais Papadopoli*, somptueux, le *Palais Grassi*, du XVIIIe siècle, le *Palais Contarini degli Scrigni*, résultat de la jonction opérée entre deux édifices d'époques différentes (le premier date de la Renaissance et le deuxième du baroque), le *Palais Corner della Ca' Granda*, édifié au XVIe siècle d'après les plans de Sansovino, actuellement siège de la Préfecture. A la fin du parcours on peut encore admirer le *Palais Dario*, le plus représentatif du style vénitien du XVIe siècle, le *Palais Venier dei Leoni*, siège de la *collection Peggy Guggenheim* et enfin le *Palais des Doges* dont les fondements sont du IXe siècle mais qui a été reconstruit au XIIe et a fait l'objet de plusieurs remaniements et aggrandissements au cours des siècles successifs.

EGLISE SAN SIMEON PICCOLO

L'Eglise San Simeon Piccolo donne sur le Canal Grande et son grand escalier d'accès part presque du niveau de l'eau. A côté se trouve un édifice de la fin du XVIe siècle qui était jadis l'**Ecole des tisserands de tissus de laine**, le patron de ces artisans étant justement le saint auquel l'église voisine est dédicacée.

L'église primitive, dédicacée à saint Simon et à saint Jude, tous deux apôtres, remontait au IXe siècle. Elle a été démolie en 1718 et sur son emplacement on a édifié l'église actuelle d'après les plans de Scalfarotto et une idée de Longhena. Elle a été achevée en 1738. A l'**extérieur** on remarque une grande coupole qui tire sur le vert, couverte de plaques de cuivre; sur la lanterne, à petites colonnes, se dresse la statue du *Rédempteur*; il parait que Napoléon, face à cette construction, ait dit: « j'ai vu des églises sans coupoles mais jamais de coupoles sans églises ». Cette plaisanterie mise à part, il est vrai que l'église, écrasée comme elle l'est sous cette demi-sphère, est précédée par un grand escalier et un pronaos tétrastyle qui réduisent la façade de l'édifice. Au fronton on peut voir le *Martyre de saint Siméon et de saint Jude*, bas-relief de Cabianca.

Le plan de l'**intérieur** est circulaire. Quatre autels ont trouvé place entre les colonnes et les parastates. Quelques statues décorent l'église comme celles de *Saint Siméon, saint Jude et saint Jean Baptiste* de Polazzo. Au maître-autel, les statues de saint Siméon et de saint Mathieu sont du XVIIIe siècle. Celles des *Apôtres* trônent dans les absides.

Extérieur de l'Eglise San Simeon Piccolo, caractérisée par sa grande coupole vert-de-gris.

Le Palais Foscari-Contarini de la première moitié du XVIe siècle.

EGLISE SAINT-JEREMIE

L'église Saint-Jérémie, sise près du Palais Labia, est le résultat de la réfection d'une vieille église du XIIIᵉ siècle, effectuée au XVIIIᵉ. Le clocher roman en briques est du XIIIᵉ siècle et c'est l'un des plus anciens de Venise.

EGLISE DES SCALZI

Baldassare Longhena commença en 1670 la construction de l'Eglise des Scalzi (des Déchaux), ou Sainte-Marie de Nazareth, à la demande des Pères Carmes Déchaux qui déjà avaient fait édifier un couvent et la petite église Sainte-Marie de Nazareth. Les travaux prirent fin 35 ans après. La **façade** est de G. Sardi qui a su allier le baroque vénitien aux formes classiques.

Une fresque de Tiepolo représentant *Le transport de la maison de Lorette* a été détruite pendant la Première Guerre mondiale. On a mis à sa place une fresque d'Ettore Tito: *La proclamation de la maternité de la Vierge au Concile d'Ephèse.*

C'est une église à une seule nef, avec six chapelles latérales. La voûte de la chapelle de droite a été peinte par Tiepolo qui est également l'auteur de la décoration de la première chapelle de gauche. Ludovico Manin, le dernier doge de Venise, est enseveli dans cette église.

PALAIS VENDRAMIN-CALERGI

Le Palais Vendramin-Calergi est certainement le plus beau palais en style lombard; construit entre 1504 et 1509 par les Lombardo d'après les plans de Mauro Codussi, il se présente avec une grande façade aux proportions harmonieuses où se détachent deux étages de loggias percés de fenêtres géminées sous grandes arcatures. Au XVIIᵉ siècle on avait ajouté une aile avec jardin, suivant le projet de l'architecte Scamozzi. Elle a été détruite et refaite ex-novo. C'est dans ce palais que Richard Wagner est mort en 1833.

Maisons typiques près de l'Eglise San Marcuola.

La façade Renaissance du Palais Vendramin-Calergi, siège du Casino Municipal.

L'Eglise San Marcuola ferme la perspective du Campo Saints Ermagora et Fortunato: la façade est inachevée mais son portail fait partie du projet du XVIIIᵉ siècle de Giorgio Massari. La tradition veut que l'église soit du IXᵉ siècle. Remaniée au cours du XVIIIᵉ elle subit une transformation complète par Gaspari qui, toutefois, en 1728 ne l'avait pas encore terminée. C'est Massari qui y mit la dernière main, en 1736, sans toucher à la façade.

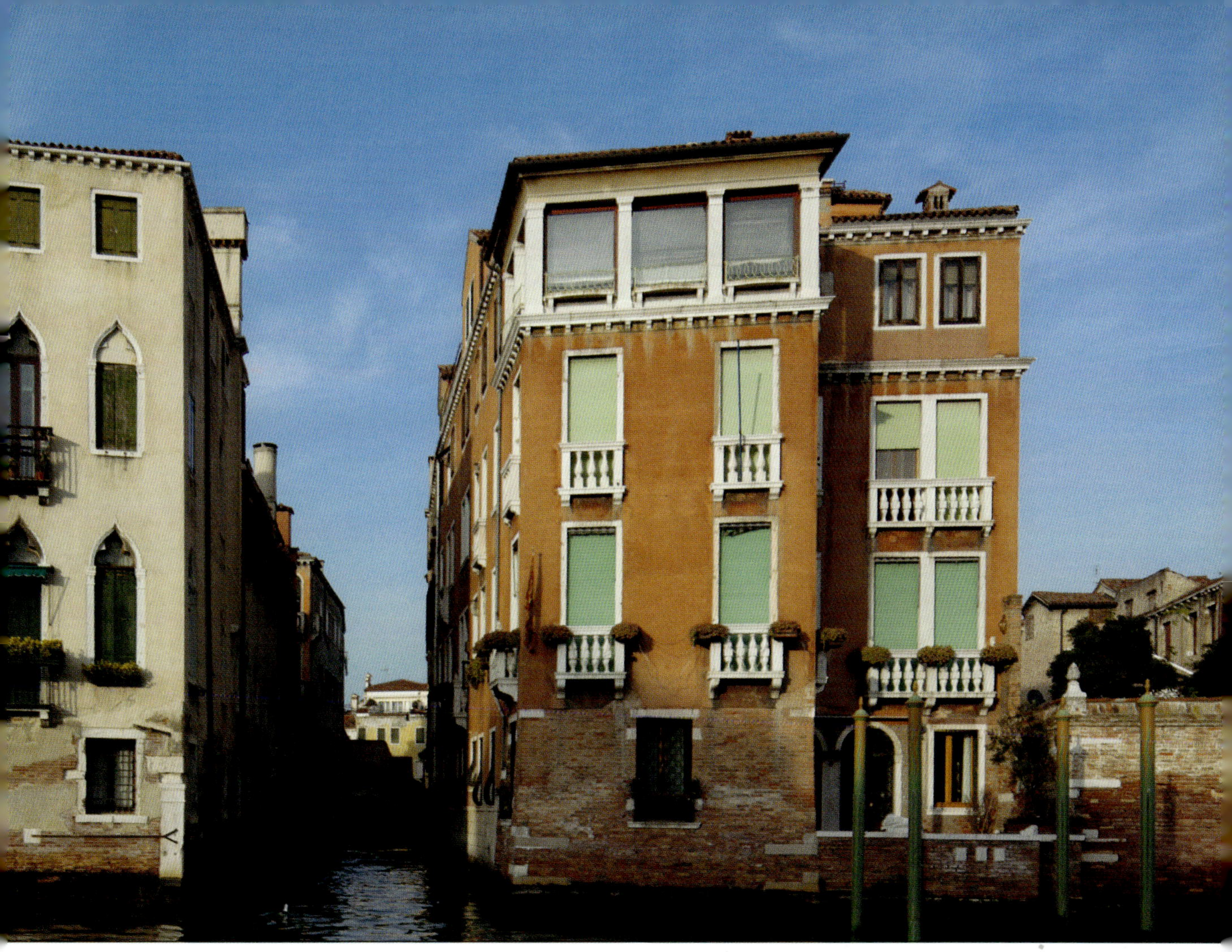

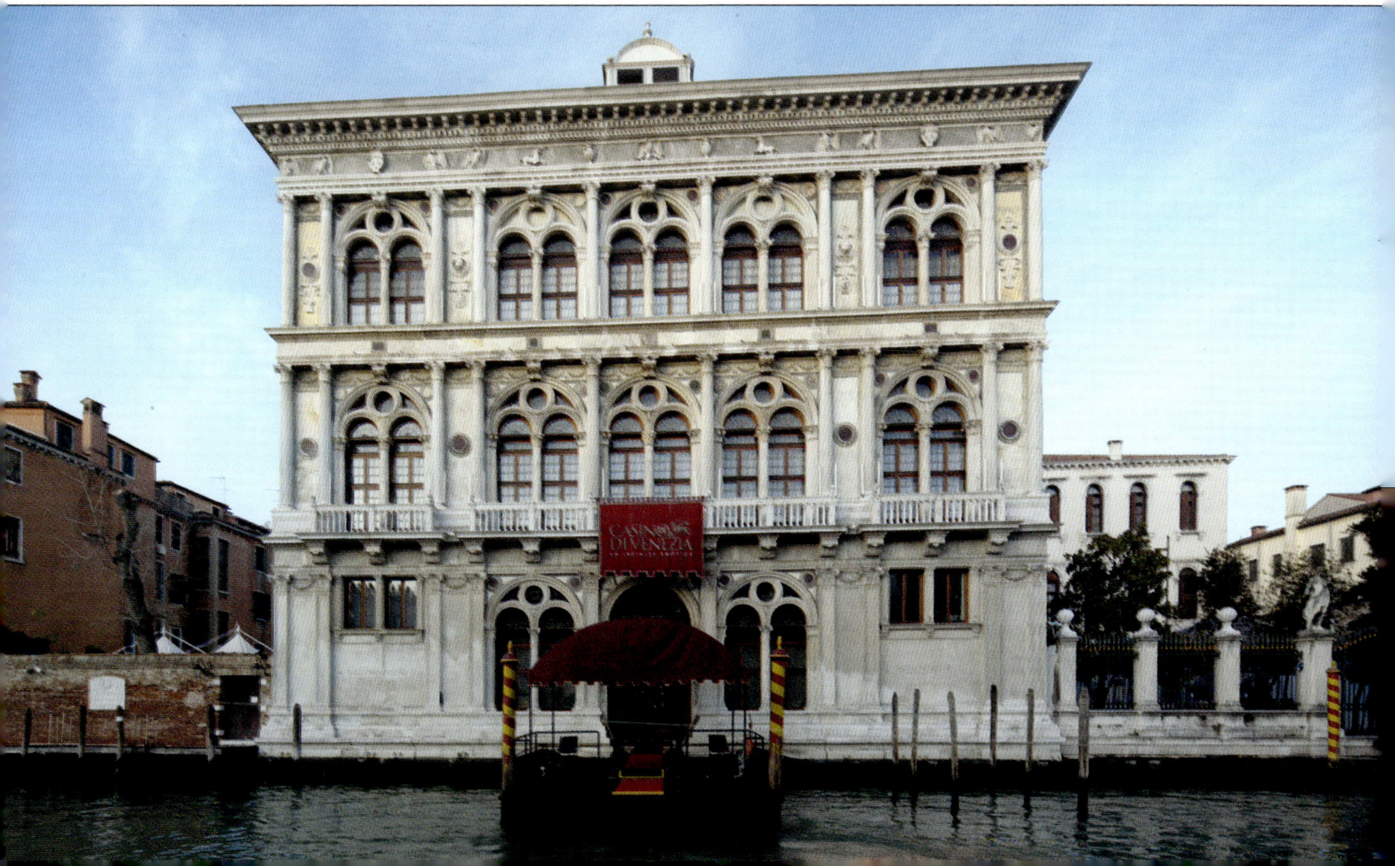
CASINO
DI VENEZIA

FONDACO DEI TURCHI

Ses structures, en style vénéto-byzantin, remontent au XIIe-XIIIe siècle. La République l'acheta en 1381 et l'accorda aux ducs de Ferrare. Il passa ensuite entre les mains de familles riches et puissantes, avant de devenir le siège et l'entrepôt de la colonie turque, entre 1621 et 1838. Acheté en 1858 par la ville, sa restauration fut confiée à Berchet qui y travailla jusqu'en 1869 sans aucun respect des structures et de la façade. Celle-ci est maintenant enserrée entre deux tours à trois étages de petites arcades (en partant du bas à trois, à quatre et à cinq ouvertures) et à deux étages de colonnades au centre (à neuf et à sept colonnes).

CA' PESARO

Le Palais de Ca' Pesaro est de Baldassarre Longhena, l'un des meilleurs architects du XVIIIe siècle. Il commença les travaux en 1652 et Antonio Gaspari prit sa suite. Des mascarons et des bustes d'animaux ornent la façade.

Le Fondaco dei Turchi.

Ca' Pesaro, le prestigieux palais abritant le Musée d'art Moderne.

CA' D'ORO

La fameuse Ca' d'Oro, le plus bel exemple de gothique flamboyant existant à Venise, abrite la **Galerie Franchetti**. Le palais a été construit par Giovanni et Bartolomeo Bon, entre 1424 et 1430, sur ordre de Marino Contarini. Le nom de Ca' d'Oro (maison d'or) a été donné à ce palais à cause de la précieuse décoration en marbre et des dorures qui jadis couvraient la façade. En 1846, Giovanni Battista Medina procéda à des travaux de restauration mais ôta et vendit le revêtement d'origine, ce qui lui valut un procès. Après plusieurs changements de propriétaires, le Palais fut acheté par Giorgio Franchetti qui le fit restaurer et, en 1915, le donna à la ville avec tout ce qu'il contenait. Les cendres du baron Franchetti ont été déposées dans une cour du palais, sous un cippe.

La Ca' d'Oro est l'exemple le plus parfait du gothique flamboyant à Venise: en bas, un détail de la façade.

59

PALAIS SAGREDO

Le Palais Sagredo se trouve près de la Ca' d'Oro. Il date de la fin du XIVᵉ siècle et est percé, à l'étage supérieur, d'une belle fenêtre bigéminée entourée d'une frise vénéto-byzantine et, à l'étage inférieur, d'un ensemble de six fenêtres groupées. C'est le siège de l'Institut Ravà.

Palais Michiel delle Colonne. ▶

Le Rio delle Beccarie et la Pescaria. ▶

Une image du beau Palais Sagredo.

Le Campo Santa Sofia et le petit Palais Foscari dal Prà, érigé dans la seconde moitié du Quattrocento. En 1520 l'ambassadeur de Mantoue y demeura.

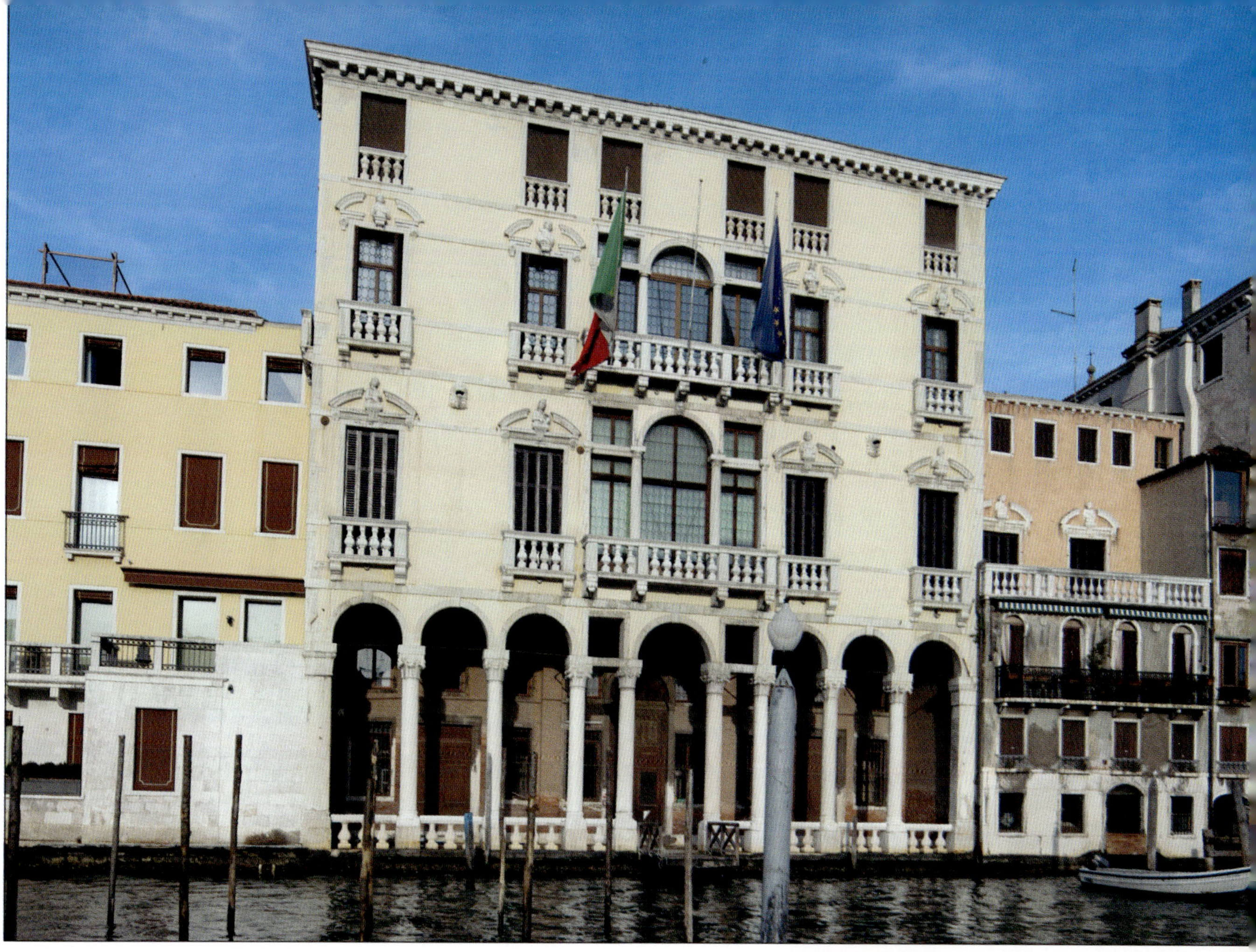

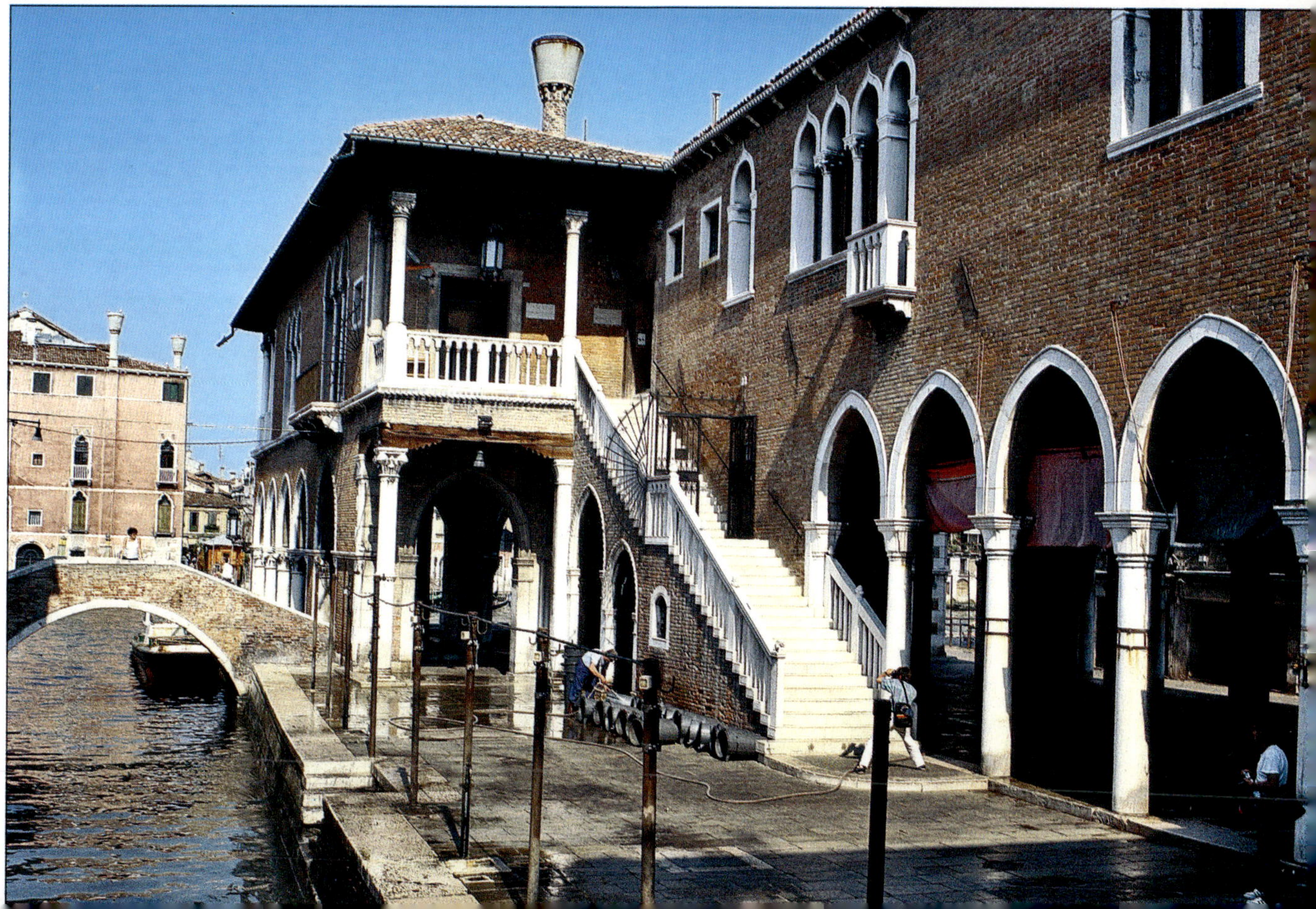

PESCARIA

Les arcades de la Pescaria donnent sur le Canal Grande. Les auteurs des plans de cet édifice néo-gothique, construit en 1907, c'est-à-dire Rupolo et Laurenti, ont su le placer entre les maisons voisines. Une statue de *saint Pierre* orne le côté vers le canal. Anciennement on pouvait voir à cet endroit une maison du XIIIe siècle appartenant aux Querini. Ces derniers ayant pris part au complot de Bajamonte Tiepolo, leur demeure fut confisquée et presque entièrement démolie, sauf quelques arcades et une fenêtre géminée donnant sur le « campo della Beccaria ».

Ce grand portique est aujourd'hui le siège du marché au poisson. Le double accès, par le Canal Grande et le « rio della Beccaria », facilite l'approvisionnement. Tout près de là, on vend des fruits et des fromages dans la Cordaria, l'Erbaria et la Casaria.

FONDACO DEI TEDESCHI

Le Fondaco (entrepôt) dei Tedeschi — en vénitien « *Fontego* » — est situé près de la base droite du Pont du Rialto. C'est un très bel édifice du début du XVIe siècle. Un grand entrepôt et un ensemble de magasins de détail existaient déjà au XIIIe siècle sous une forme différente. Un incendie le détruisit; on le réédifia en lui donnant l'aspect qui est presque encore le sien. La façade sur le Canal Grande n'est pas tout à fait celle qu'avait projetée Girolamo Tedesco. En effet, au XIXe siècle, on démolit les deux tours d'angle. De plus, sur les murs élevés par Spavento et Scapagnino, entre 1505 et 1508, se trouvaient de très belles fresques de Giorgione et du Titien. Les temps a effacé presque toutes les traces.

Ce siège des commerçants allemands à Venise — une colonie assez nombreuse et jouant un rôle important dans l'économie de la ville — présente à l'intérieur une cour entourée de loggias devenus bureaux de Poste.

Ca' da Mosto, élevée entre les XIe et XIIIe siècles. Du XVIe au XVIIIe siècle le palais fut transformé en hôtel, l'Albergo del Leone Bianco, l'un des meilleurs et des plus importants de la ville.

Les vingt-cinq arcades des Fabbriche Nuove du Rialto.

Le Fondaco dei Tedeschi.

Pages suivantes, le Pont du Rialto.

Deux images du célèbre Pont du Rialto: sa réédification en pierre, d'après un projet d'Antonio da Ponte, coûta en 1590 la somme énorme de 250 000 ducats. L'arc s'appuite sur des fondations en chevrons.

PONT DE RIALTO

La premier pont était en bois et s'appelait « della Moneta » (de la monnaie). Il avait été bâti par Nicolò Barattieri. Il fut reconstruit, démoli par Bajamonte Tiepolo pendant l'émeute qui suivit le complot, et encore reconstruit. Il en fut de même lorsqu'il s'écroula en 1444. Le pont était mobile et flanqué de boutiques. Au XVIe siècle on se rendit compte du danger que représentait un pont en bois. On procéda donc à sa reconstruction en pierre, lui aussi avec des boutiques. Aux plans présentés par des architectes célèbres comme Michel-Ange, Sansovino et Palladio, on préféra ceux d'Antonio da Ponte. Le pont, fini en 1592, est à une seule arcade de 28 mètres (c'est l'endroit où le Canal Grande est le plus étroit), placée à 7,5 m du niveau de l'eau.

PALAIS BERNARDO

Ce palais est l'un des meilleurs exemples du style gothique à Venise tant à cause de sa décoration que de l'harmonie de ses formes et de l'équilibre entre les pleins et les vides. Il a été bâti en 1442. Deux étages sont percés d'ensemble de six baies, surmontées de fenêtres bigéminées. De la cour monte un bel escalier decouvert.

PALAIS PAPADOPOLI

Ce palais à deux étages date de la Renaissance et est attribué à G. Giacomo dei Grigi. Il faut remarquer la corniche avec fenêtres ovales qui est surmontée de deux obélisques. L'intérieur abrite des fresques de Tiepolo et de Pietro Longhi.

Palais Bernardo.

Palais Papadopoli.

*Trois des plus prestigieux palais vénitiens du Canal Grande:
Foscari, un coin du Balbi Valier et le Nani Mocenigo.*

◄ *A l'angle du Canal Grande et du Rio San Tomà se trouve le
Palais Giustiniani Persico.*

CA' FOSCARI

La Ca' Foscari est l'une des plus belles demeures vénitiennes et un bel exemple de gothique flamboyant. La façade est revêtue de décorations en marbre. Deux loggias à huit arcades sont entourées de fenêtres qui reprennent les motifs de leur décoration. Tout cet ensemble est surmonté d'arcatures et, au centre du dernier étage, d'une fenêtre bigéminée. Le palais appartenait aux Giustiniani. La République l'acheta et en fit don d'abord au duc de Mantoue puis à Francesco Sforza. En 1452 on le vendit aux enchères et le doge Foscari s'en porta acquéreur. C'est aujourd'hui le siège de l'Université d'Economie et de Commerce.

PALAIS BALBI

Le Palais Balbi se dresse « in volta di Canal » (là où le canal tourne). Edifié à la fin du XVIe siècle d'après les plans d'Alessandro Vittoria, il marque sans doute le trait d'union entre la sobriété et le sens de la proportion, propres à la Renaissance, et la lourde décoration de l'âge baroque. En effet, sa forme rappelle les lignes pures de la Renaissance mais les grandes fenêtres et les tympans sont déjà baroques.

PALAIS NANI-MOCENIGO

Le Palais Nani-Mocenigo — anciennement Erizzo — sur la gauche du Canal Grande, a été construit au XVe siècle. On remarque surtout ses fenêtres du premier étage, avec bordures dentelées qui encadrent des arcs en carène.

PALAIS GRASSI

Construction imposante, le Palais Grassi, dû à Giorgio Massari, est un des plus beaux exemples d'architecture du XVIIIe siècle. De chaque côté du portail deux ordres de fenêtres sont insérés dans le bossage. Au-dessus, deux autres ordres de fenêtres en balcon, d'une élégance singulière, C'est le siège du Centre des Arts et du Costume et d'activités culturelles de tout genre.

CA' REZZONICO

La construction fut entreprise par Longhena et achevée par Giorgio Massari en 1745. C'est un édifice typique du XVIIIe siècle et, par conséquent, il a été choisi comme siège du **Musée du XVIIIe siècle**. La construction s'étend le long du Canal Grande et est embellie par des balcons, des colonnes et des sculptures.

PALAIS GIUSTINIAN

Plusieurs palais appartenaient à la puissante famille des Giustinian. L'un, bâti en 1474, est situé près du « Traghetto » de la Calle Vallaresso et est le siège des bureaux de la Biennale. Un autre est proche de la Ca' Foscari et comprend deux corps de bâtiments jumeaux avec loggias et arcades trilobées. Wagner y a vécu.

PONT DE L'ACADEMIE

Parmi les ponts qui enjambent le Canal Grande, le Pont de l'Académie est le plus au sud. Sa portée en bois relie Campo San Vidal au Campo della Carità, où se trouve la « Scuola grande di Santa Maria della Carità », siège actuel du Musée de l'Académie. C'est un pont pour les piétons qui n'est pas très ancien bien que sa structure en bois rappelle les vieux ponts de Venise du XIVe siècle. C'est une réfection moderne (1934) de Miozzi: il s'agissait d'une structure provisoire, érigée à la place d'un pont métallique de 1854, fort critiqué en raison de sa forme et des matériaux utilisés qui le rendaient trop « moderne », comme du reste cela s'était produit à propos du Pont des Scalzi. On avait préparé le projet d'un pont en pierre se rapprochant du style des édifices voisins; on voulait qu'en plus du Pont de Rialto, d'une valeur historique, deux ponts de pierre d'Istrie soient placés à la hauteur des Scalzi et de l'Académie. Toutefois cette année-là — 1934 — seul le premier fut réalisé. L'autre fut posé comme structure provisoire qui devint définitive.

Le Palais Grassi.

La Ca' Rezzonico.

Le Palais Giustinian Lolin, conçu par le jeune Longhena, avec deux pinacles ornant les combles, et le Palais Civran Badoer Barozzi, du XVIe siècle. ►

Le Pont de l'Académie, et le Palais Cavalli Franchetti: c'est ici qu'en 1836 mourut l'archiduc Frédéric d'Autriche. ►

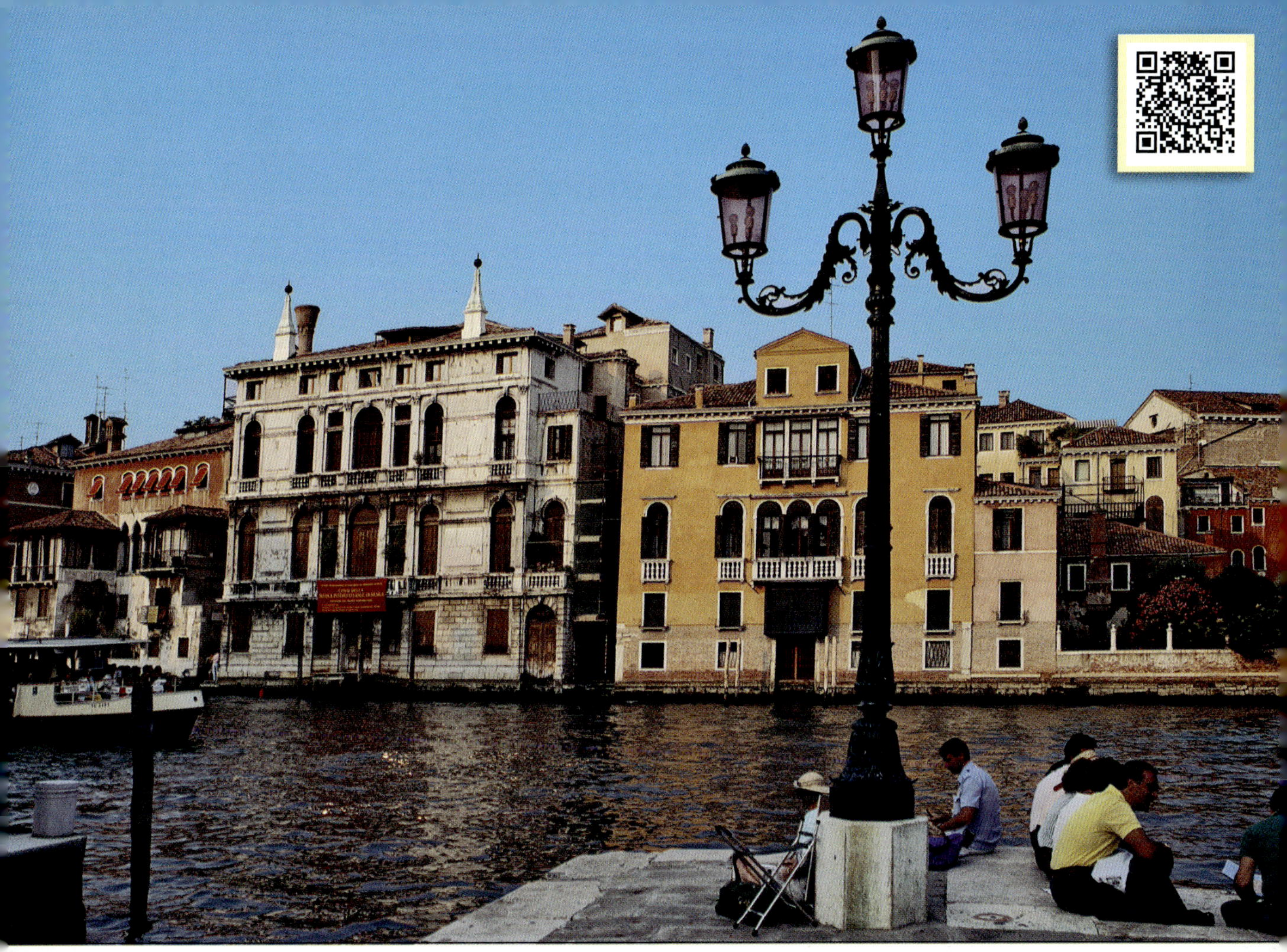

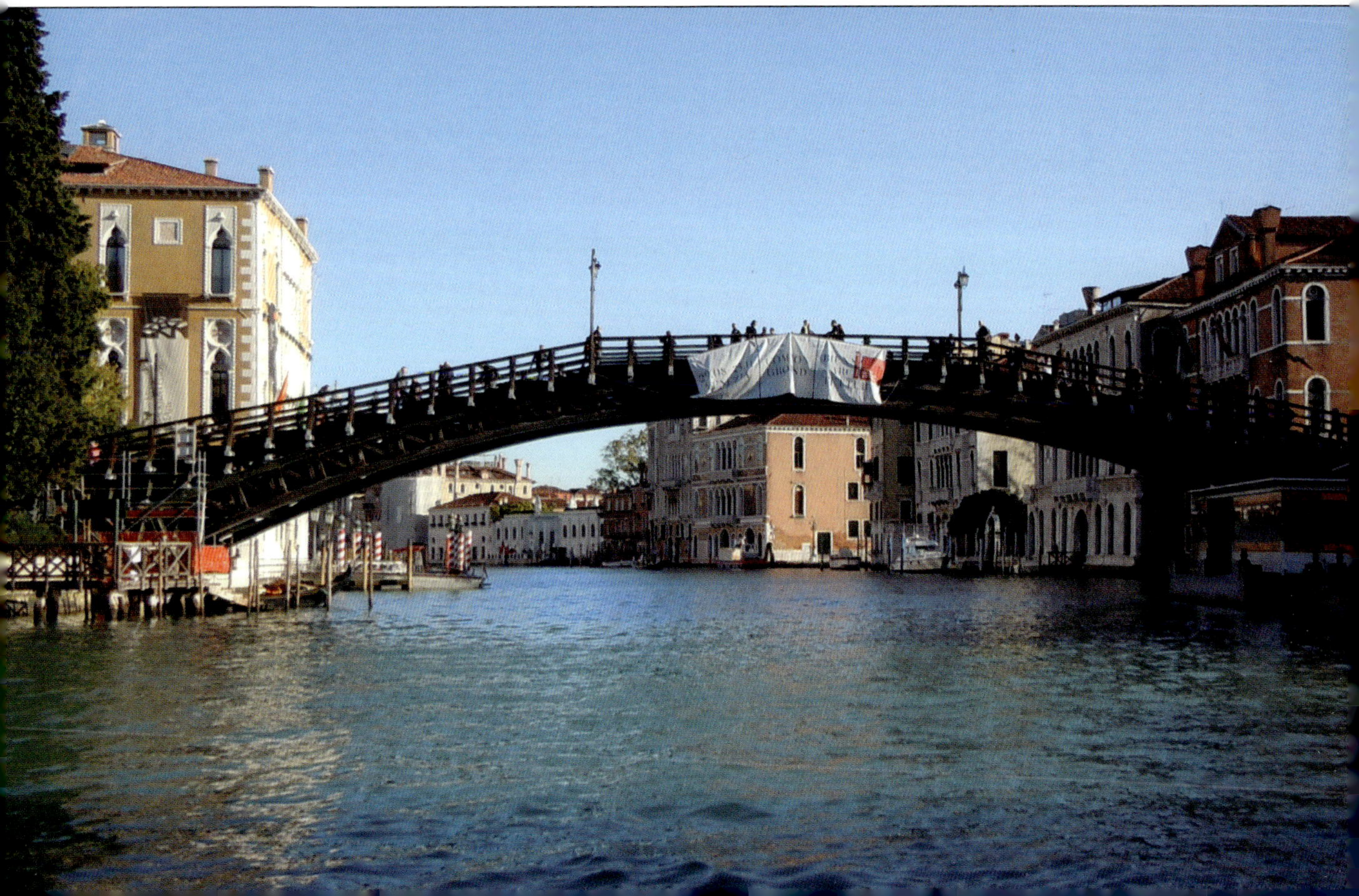

Le Canal Grande avec, à gauche, le Palais Cavalli Franchetti et le Palais Barbaro, maintenant Curtis, séparés par le Rio de l'Orso. Au fond à droite, l'Eglise de la Salute.

Perspective du Musée de l'Académie.

Ca' Granda.

PALAIS BARBARO

Sur la gauche du Canal Grande, vers le Pont de l'Académie, on peut voir le Palais Barbaro (XVᵉ siècle). Il est percé de fenêtres bigéminées à arcature en carène, aux étages supérieurs; le beau portail de la Renaissance est ornée de médaillons avec têtes d'empereurs.

SCUOLA GRANDE DI SANTA MARIA DELLA CARITÀ

La « Scuola Grande di Santa Maria della Carità » a été fondée en 1260 dans les environs de Saint-Léonard. Elle a été transférée d'abord à la Giudecca, dans l'Oratoire de Saint Jacques apôtre, puis dans un oratoire spécial près de l'Eglise Santa Maria della Carità. Au-dessus du portail trône une *Vierge avec des membres de la Confrérie. Saint Christophe* et *Saint Léonard*, patrons de la Confrérie, sont placés chacun d'un côté.
La salle du rez-de-chaussée est séparée en deux. L'un des côtés est le lieu de réunion de l'**Académie des Beaux-Arts** et par l'autre on entre dans le **Musée de l'Académie**.
De tout ce qui appartenait à la Confrérie il reste encore un reliquaire donné en 1463 par le cardinal Bessarion, une *Présentation de la Vierge*, peinte par Titien pour la Confrérie, et un grand *Triptyque* d'Antonio Vivarini et Giovanni d'Alemagna qui représente une *Vierge à l'Enfant avec les docteurs de l'Eglise* ainsi que des œuvres de Bellini, G. Mansueti, G. Cignaroli, J. Guarana, G. D. Tiepolo et Marieschi.

CA' GRANDA

Parmi les constructions de la Renaissance, le Palais Corner, dit Ca' Granda, est une œuvre vraiment grandiose de Jacopo Sansovino (1537). C'est le siège de la Préfecture. La façade est divisée en trois ordres: rustique, ionien et corinthien. Trois arcades ornent le rez-de-chaussée; les fenêtres sont cintrées. A l'intérieur, une cour majestueuse abrite une statue d'*Apollon* de Cabianca.

COLLECTION GUGGENHEIM

La collection est sans aucun doute la plus importante collection d'œuvres d'art contemporain existant en Italie. Son siège est le **Palais Venier dei Leoni**, sur le Canal Grande, commencé en 1749 d'après les plans de Lorenzo Boschetti et jamais fini. Il est entouré d'un beau jardin. Les œuvres exposées fournissent un tableau complet de l'art d'avant-garde de notre siècle: le cubisme est représenté par Picasso — le *Poète, Lacerba* —, Duchamp — *Jeune homme triste en noir* —, Braque, Kupka et Marcoussis; le futurisme par Boccioni, E. Prampolini, G. Severini, Kandinsky, Mondrian — *La Mer* —, Malevich — *Composition supermatique* —, qui représentent bien l'art abstrait; le dadaïsme et le surréalisme par De Chirico, Magritte, Paul Klee, Picabia, Mirò et Max Ernst (auquel était liée l'héritière qui a donné son nom à la collection et qui était bien introduit dans les milieux de l'avant-garde). Parmi les nombreuses toiles de ce dernier peintre exposées ici, citons *Le baiser, La forêt* et *Couple zoomorphe*. La collection comprend aussi des témoignages de mouvements artistiques d'avant-garde, européens et américains (Moore, Pollock, Minguzzi et Arnaldo Pomodoro).

PALAIS CONTARINI-FASAN

Le petit palais Contarini-Fasan, très agréable, a été construit vers 1475; on l'appelle généralement la « maison de Desdémone »; il est situé sur la rive gauche du Canal Grande, près du « rio » delle Ostreghe, et est orné de gracieux balcons découpés.

Ci-dessus, à gauche: le Palais Contarini Fasan aux belles balustrades en marbre ouvragé et le Palais Contarini, en style gothique, du XVᵉ siècle.
Ci-dessous: la dernière partie du Canal Grande avant la Piazzetta Saint-Marc.

EGLISE SANTA MARIA DELLA SALUTE

Lorsque la peste sévit à Venise, en 1630, le Sénat fit vœu d'élever une église à la Vierge de la Santé pour que cesse le fléau. En vue de sa réalisation on fit appel à Baldassarre Longhena.

L'église a été consacrée en 1687, cinq ans après la mort de son architecte. C'est sans aucun doute un des plus beaux monuments baroques de la ville.

La **façade**, précédée d'un grand escalier, se présente comme une belle arcade. Le plan est octogonal. Un tambour s'appuie sur des arcades et soutient la coupole. Sur les côtés de l'octogone s'ouvrent six chapelles latérales. A droite, sur les autels, on peut voir des peintures de L.

Giordano et à gauche, au troisième autel, un tableau de Titien en âge avancé qui représente la *Pentecôte*. Giusto Le Court a sculpté vers 1674 un groupe en marbre, placé au-dessus du maître-autel et qui représente *La peste en fuite devant la Vierge*.

Le maître-autel devait servir à abriter une image sainte vénérée en l'église San Tito de Crète et qui avait été portée à Venise en 1672, après l'invasion de l'île par les Turcs. On avait demandé à Lorenzo Bernini de sculpter les statues mais il avait refusé.

Des toiles de Titien ornent la grande sacristie. Le tabernacle est embelli par une mosaïque en pierres dures (art byzantin du XII e siècle). Cette église est un lieu de pélerinage pour les Vénitiens qui s'y rendent le 21 novembre, fête de la Madonna della Salute.

◀ *Le Palais Genovese, de 1982, et l'Eglise de la Salute.*

Vue aérienne de la Pointe de la Douane dominée par l'Eglise Santa Maria della Salute.

DOGANA DA MAR

L'ensemble de la Dogana da Mar, à l'extrémité du quartier de Dorsoduro, pénètre en pointe de flèche dans la lagune et sépare le Canal Grande de la Giudecca. Derrière, au-delà du Séminaire, se dresse dans toute sa majesté l'Eglise Santa Maria della Salute.

Dès le début du XVe siècle c'est à cet endroit qu'accostaient les navires venant d'Orient et que les marchandises étaient dédouanées. On construisit et on reconstruisit plusieurs fois les entrepôts et les bureaux des services de l'octroi. En 1677 on édifia la **Punta della Dogana** où une petite tour s'élève au-dessus du portique avec protyron et terrasse. En haut de la tour et au-dessus d'un socle, deux esclaves soutiennent une grande sphère dorée où s'appuie, sur un pied, une statue de la *Fortune* (réalisée au XVIIe siècle par Giuseppe Bononi). Elle est mobile, au gré des vents, comme le destin des hommes qui est à la merci des événements, sur mer et dans les affaires.

Les structures des côtés remontent à des époques différentes. Une partie est en pierre, avec des arcs dont la portée est claire, et une autre présente des arcs plus serrés, entièrement en blanc. La dernière réfection effectuée par Pigazzi, date de 1838.

EGLISE SAN MOISÉ

L'église San Moisé, édifiée au VIIIe siècle, a été reconstruite au Xe sous l'impulsion d'un certain Moisé Venier qui voulut lui donner le nom de son saint protecteur. Au XIIe siècle on lui adjoignit un **clocher** en briques et on ouvrit des baies géminées dans la cage supérieure. La **façade** (deuxième moitié du XVIIe siècle), aux lignes mouvementées et couverte de sculptures, est d'Alessandro Tremignon et du sculpteur Enrico Meyring.

L'église, à une seule nef, abrite de nombreuses toiles des XVIIe et XVIIIe siècles. Les stalles du *chœur*, en marqueterie, sont du XVIe. Dans la chapelle de gauche, la *Cène* est de Palma le Jeune et le *Lavement des pieds* de Jacopo Tintoretto.

EGLISE SAN ZACCARIA

L'église San Zaccaria a été bâtie au IXe siècle mais reconstruite après l'incendie de 1105 et restaurée en style gothique entre le XVe et le XVIe siècle par Antonio Gambello et Mauro Codussi. Au sommet de la **façade**, très élevée, une grande lunette entourée d'une corniche est ornée d'un ordre de niches en coquille et de panneaux décorés. Au-dessus du portail, la belle statue de *Saint Zacharie* est d'Alessandro Vittoria.

L'**intérieur**, à trois nefs, séparées par des colonnes élevées, où art gothique et art Renaissance s'équilibrent parfaitement, abrite des œuvres de valeur: un *retable* de Giovanni Bellini, une *Vierge et des Saints* de Palma le Vieux, la *Naissance de Saint Jean Baptiste* du Tintoret, la *Fuite en Egypte* de Tiepolo, des fresques d'Andrea del Castagno et trois *polyptyques* de Giovanni d'Alemagne et d'Antonio Vivarini (dans la chapelle de San Tarasio). Les statues de *Saint Jean Baptiste* et de *Saint Zacharie*, près de l'entrée, ainsi que les deux bénitiers sont de Vittoria dont le monument funéraire, avec son *autoportrait* sculpté, se trouve au fond du bas-côté gauche. Le sculpteur avait légué sa maison sise calle della Pietà aux moniales de San Zaccaria et demandé qu'on l'ensevelisse dans l'église.

San Zaccaria, intérieur: le célèbre retable de Bellini.

La façade de l'Eglise San Moisè, du XVIIe siècle.

La façade de l'Eglise San Zaccaria.

Vue aérienne de l'Eglise San Giovanni e Paolo.

L'Eglise San Giovanni e Paolo, le monument au Colleoni ▶
et la Scuola Grande San Marco.

EGLISE SAN GIOVANNI E SAN PAOLO
(SAN ZANIPOLO)

La construction de cette église, dite en abrégée San Zanipolo, commença en 1246 mais c'est seulement deux cents
ans plus tard, en 1430, qu'elle prit réellement fin. C'est
un   magnifique   exemple   d'architecture   gothico-
vénitienne. C'était l'église réservée aux obsèques des
doges qui chaque année, le 26 juin, venaient y faire une
visite entourés des hauts dignitaires de l'Etat.
Plusieurs doges et « condottiere » sont ensevelis ici,
notamment Jacopo et Lorenzo Tiepolo et Daniele Boni;
on remarquera le *Mausolée Valier* d'Andrea Tiroli, les
Monuments funéraires des familles Mocenigo et Venier,
le *Monument de Bartolomeo Bragadin*, de Scamozzi, le
Tombeau de Vettor Pisani et le *Monument du doge
Marco Corner*, en style gothique.
Des artistes comme Giovanni Bellini, Piazzetta, Lorenzo
Lotto, B. Vivarini, Palma le Jeune e Nino Pisano ont tra-
vaillé à l'intérieur de cette église.
Près de l'église se trouve la **Scuola Grande di San Marco**,
créée en 1260 et reconstruite après un incendie par Pietro
Lombardo et Mauro Codussi entre 1485 et 1495.

MONUMENT EQUESTRE
DE BARTOLOMEO COLLEONI

Devant la « Scuola Grande di San Marco » sur le Campo
dei Santi Giovanni e Paolo, se dresse la statue équestre de
Bartolomeo Colleoni, placée sur un socle élevé. Ce « condottiere » apporta plusieurs fois son concours aux Vénitiens, en 1431, lors de leur guerre contre Filippo Maria
Visconti, faisant tourner en leur faveur une campagne
que Carmagnola avait mal entreprise. Lorsque les hostili-
tés reprirent contre les Visconti, Colleoni, avec Gattamelata, se plaça encore avec les Vénitiens (1437-1441); puis
il passa à la solde des ennemis mais, en 1448, il rejoignit
le camp de Venise, avec un Sforza, et c'est à lui que
revient le mérite des victoires de Caravaggio, la Sciesa,
Borgomanero et des campagnes dans les zones de Ber-
game, de Brescia et de Parme. Passé encore une fois de
l'autre côté, il revint à Venise et fut nommé définitive-
ment commandant des troupes vénitiennes en 1454, rôle
qu'il joua jusqu'à sa mort (1457) survenue dans son
somptueux château de Malpaga. A sa mort, il laissa une
partie de son important patrimoine à la République de
Venise, avec une clause prévoyant qu'une statue lui serait
élevée place Saint-Marc. La statue fut réalisée mais une
loi interdisait la présence de monuments sur cette place.
On décida donc de mettre ce monument sur le Campo
San Zanipolo.
La statue est d'Andrea Verrocchio, qui y travailla de 1481

à 1488. Il mourut avant d'avoir pu la fondre et c'est donc Alessandro Leopardi qui termina son œuvre et dessina le grand socle avec colonnes et panneaux. Le monument fut inauguré en 1496.

SCUOLA GRANDE DI SAN MARCO

La tendance à se réunir au sein d'une association a été l'une des caractéristiques du Moyen Age italien. Les Vénitiens, eux aussi, ont donné naissance à des congrégations et à des groupements dont le but principal était l'assistance mutuelle sans oublier les œuvres de charité. C'est ce qui a donné naissance aux « Scuole ».

Les six « Scuole » dites « Grandi » s'adonnaient uniquement à la dévotion.

L'édifice occupé actuellement par l'hôpital civil était le siège de la « Scuola Grande di San Marco », fondée en 1260. Après sa destruction par un incendie, Mauro Codussi et Pietro Lombardo l'ont reconstruit entre 1485 et 1495.

La **façade** est un bel exemple d'architecture de la Renaissance. Les statues sont de B. Bon et de Tullio Lombardo. Au premier étage la **Salle du Chapitre** a un *plafond en bois* du XVIᵉ siècle et un *autel* dans le style de Sansovino.

Dans la **Sala dell'Albergo** (hôtellerie) le plafond a été décoré en bleu et or par Pietro et Biagio Faenza. Aux murs, les toiles sont de Palma le Jeune, Mansueti et Vittorio Belliniano. La salle abrite également la **Bibliothèque de Médecine**.

A l'étage au-dessus se trouvaient è l'origine les cycles des *Histoires de saint Marc*, peintes par Carpaccio, les Bellini et le Tintoret et qui ont été transportées, en partie, au Musée de l'Académie.

Deux vues du caractéristique Rio Santa Maria Formosa et une image de l'église.

EGLISE SANTA MARIA FORMOSA

A Santa Maria Formosa des remaniements se sont succédés depuis sa fondation, au VIIe siècle. L'édifice actuel est dû à Codussi. Les **façades** appartiennent à des époques différentes (1541 pour celle qui donne sur le pont et 1604 pour celle qui donne sur le parvis). Le **clocher** est baroque. Un double balcon renferme la cage supérieure. Sur la porte d'entrée, un mascaron grotesque présente un certain intérêt.

L'**intérieur** est à une seule nef et en croix latine. On peut y voir dans une chapelle à droite un précieux *triptyque* de Bartolomeo Vivarini, dans le transept, à droite, un polyptyque de Palma le Vieux représentant *Sainte Barbe et quatre Saints*. Il faut remarquer aussi l'*autel de l'Ecole des « bombardiers »*, qui avait son siège dans cette église et dont on a conservé une petite bombarde.

EGLISE SAN GIACOMO DELL'ORIO

L'Eglise San Giacomo dell'Orio date du IXe siècle mais a été rebâtie en 1225 et remaniée au XVIe siècle. Elle est flanquée d'un beau clocher en briques avec cage fermée par des baies bigéminées. L'**intérieur**, à croix latine, rassemble divers styles. Des colonnes anciennes séparent les trois nefs; un seul plafond, en bois, couvre le chœur et la croisée des nefs. Parmi les nombreuses œuvres d'art signalons un *retable* de Véronèse, des *tableaux* de Buonconsiglio et de Schiavone et, dans la **Vieille Sacristie**, un cycle de toiles de Palma le Jeune avec des scènes de l'*Ancien Testament*.

◄ *La Fondamenta Papafava et le Pont Malvasia.*

Ci-dessus, l'Eglise San Giacomo dell'Orio, dans le campo du même nom, et le Rio proche de l'église. Au-dessous, la Calle del Tentor et un rio dans Santa Croce.

Le clocher de San Giovanni Elemosinario et le Campo San Polo.

◄ Fondamenta Rio Marin et Campo Nazario Sauro.

EGLISE SAN GIOVANNI ELEMOSINARIO

San Giovanni Elemosinario a été bâtie au XIe siècle. Scarpagnino la réédifia au XVIe siècle après les ravages d'un incendie en 1513. Le plan est à croix grecque; dans la sacristie le plafond et l'autel sont de G. B. Pittoni. Un *San Giovanni Elemosinario* (St Jean faisant l'aumône) de Titien trône sur le maître-autel. Dans les chapelles latérales se trouvent des œuvres de Pordenone et de Palma le Jeune.
Le **clocher** est en briques et la loge supérieure a de belles arcades. Il à échappé à l'incendie de 1513.

EGLISE SAN POLO

Il semble que le doge Pietro Gradenigo soit à l'origine de la construction de cette église. Elle a été remaniée en style gothique et restaurée plusieurs fois. Le **clocher** et sa flèche conique remontent à 1361. L'**intérieur** reproduit le plan des basiliques à trois nefs. Il abrite des œuvres de Jacopo Tintoretto, Palma le Jeune, G. B. Tiepolo et Alessandro Vittoria.

SCUOLA GRANDE
DI SAN GIOVANNI EVANGELISTA

Un hospice fondé en 1261 par la famille Badoer a donné
asile, en 1340, à la Confrérie « dei battuti » (des battus)
dont le patron était saint Jean l'Evangeliste, d'où pro-
vient la « Scuola Grande di San Giovanni Evangelista »,
l'une des plus anciennes de Venise. La **façade** gothique de
l'édifice date de 1454; elle est ornée de deux *bas-reliefs* du
XIVe siècle. A l'**intérieur**, la salle du rez-de-chaussée, en
style Renaissance, est également de Codussi. Une grande
salle a été restaurée en 1727 par Giorgio Massari, qui est
aussi l'auteur de l'autel où trône une statue de *Saint Jean*
de Morlaiter. Des toiles de Longhi et de Vicentino décorent les murs. Guarana et Tiepolo ont peint au plafond
des *Scènes de l'Apocalypse*. Dans l'**Oratorio della Croce**
et la **Sala dei convocati** on trouve des toiles de Palma le
Jeune et des décorations en stuc.

EGLISE SAN GIACOMO DI RIALTO

L'Eglise San Giacomo di Rialto remonte au XIe siècle et
a été totalement remaniée au XVIIe. Le beau portique
du XVe siècle est surmonté d'une *horloge* caractéristique, de grandes dimensions, elle aussi du XVe siècle.

*Le Campiello della Scuola Grande di San Giovanni Evangelista
et l'Eglise San Giacomo di Rialto.*

Carnevale di Venezia

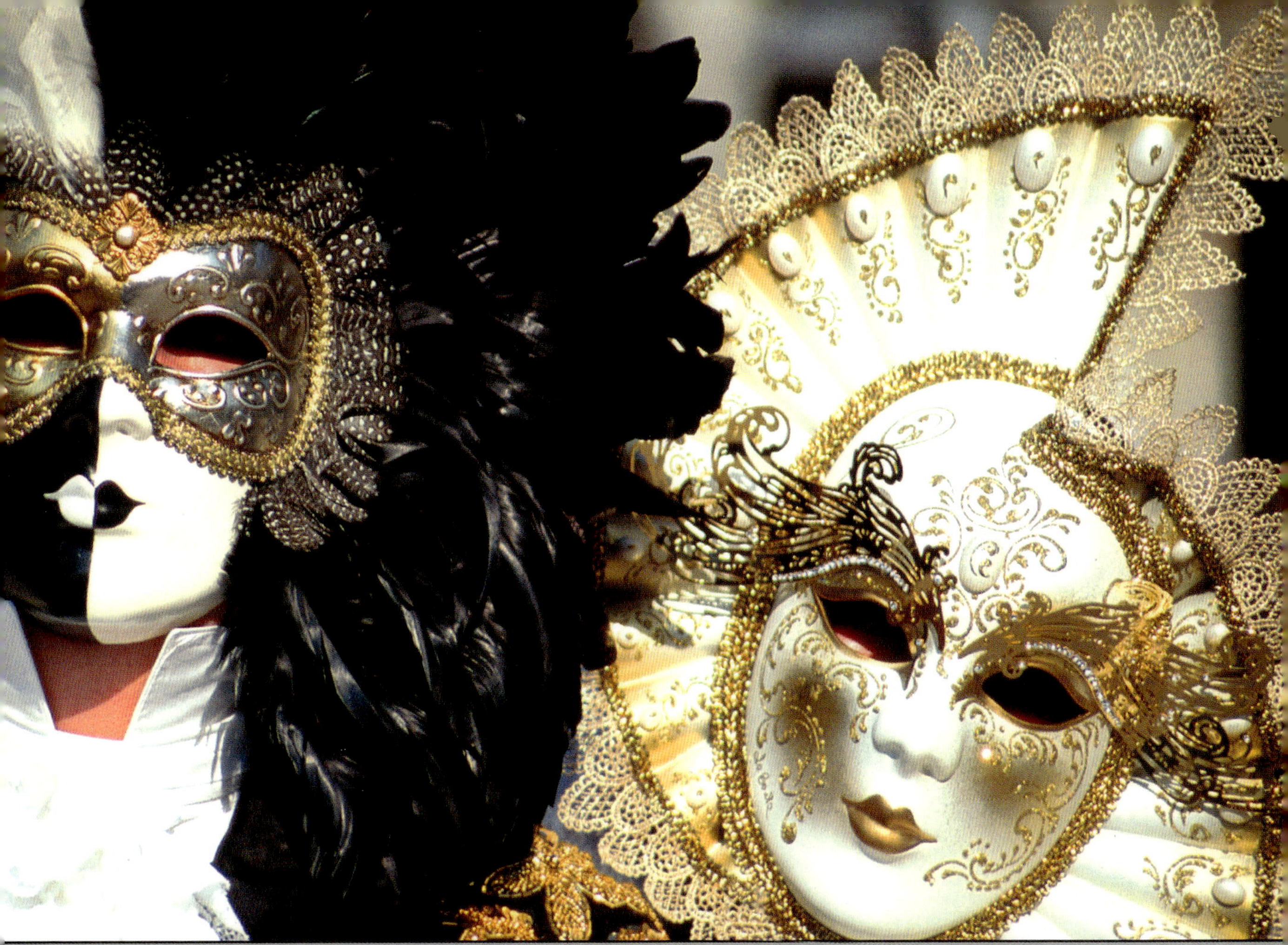

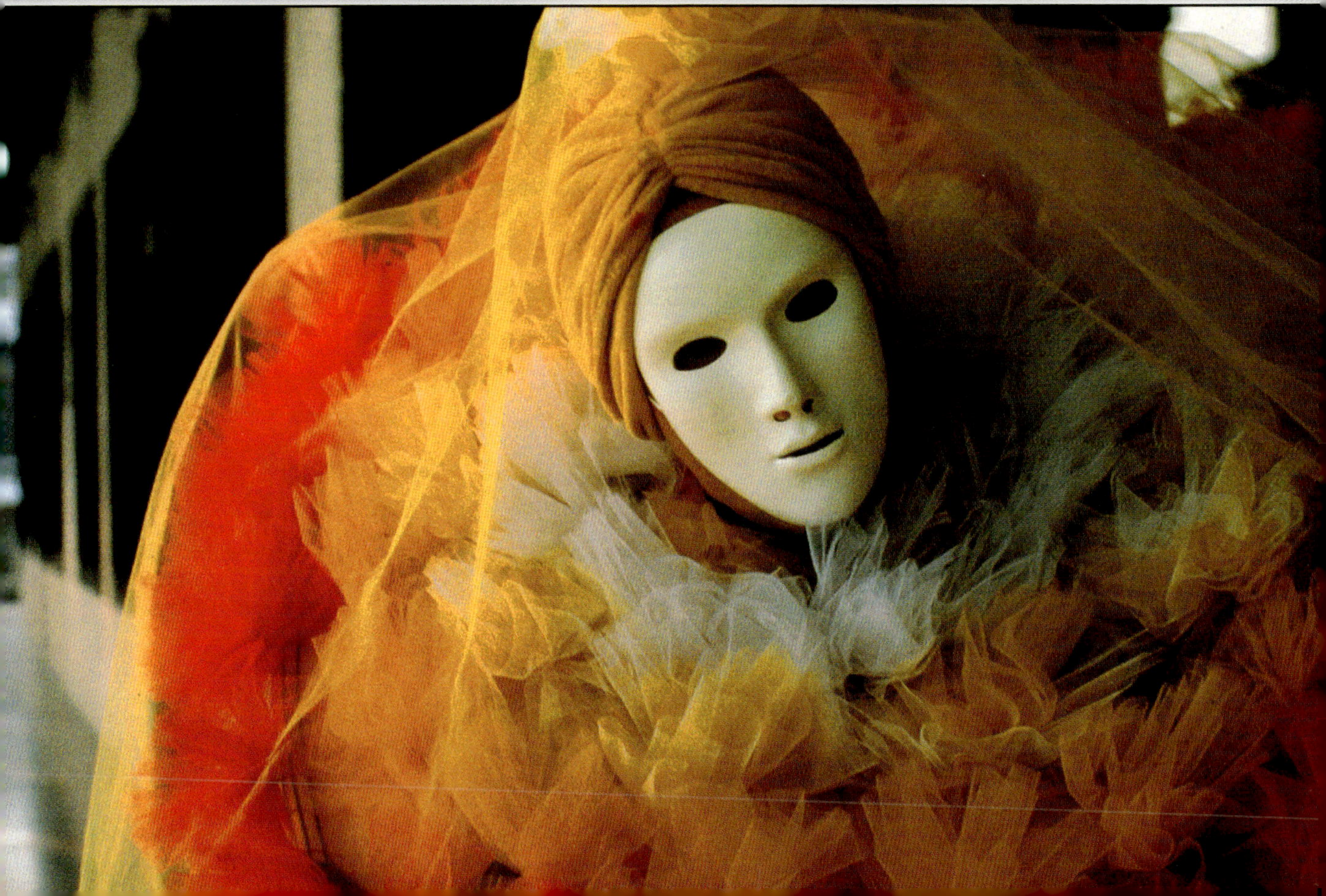

EGLISE SANTA MARIA GLORIOSA DEI FRARI

Santa Maria Gloriosa dei Frari est une église franciscaine, édifiée en 1250 probablement d'après les plans de Nicola Pisano. Scipione Bon l'agrandit, et la modifia en 1338. L'ensemble est romano-gothique et la **façade** est divisée en trois parties par des pilastres surmontés de pinacles. Alessandro Vittoria a sculpté la statue du portail. Les autres, placées sur les côtés, sortent des ateliers des Bon. Le **clocher**, construit par les Celega au XIVᵉ siècle, est presque aussi haut que le campanile de Saint-Marc. L'**intérieur** est en croix latine, avec des nefs séparées par douze colonnes qui soutiennent des arcs très élevés, cette église est sans doute la plus célèbre de Venise, après Saint-Marc et celle qui, avec San Zanipolo, renferme les dépouilles des hommes les plus connus. Signalons, parmi un grand nombre d'œuvres précieuses, le *Mausolée de Titien*. En commençant par la droite on peut voir: un *autel* de Longhena avec statues de Giusto Le Court; à la hauteur de la deuxième travée la *tombeau de Titien* (mort en 1576 pendant l'épidémie de peste) datant de 1852 et dû à des élèves de Canova; au troisième autel, des sculptures d'Alessandro Vittoria. Dans le transept, à droite, le *Monument à l'amiral Jacopo Marcello*, de Pietro Lombardo; puis le *Monument du Bienheureux Pacifilo*, avec un beau bas-relief (le *Baptême du Christ*) de Bartolo et Michele da Firenze. La **Sacristie** est ornée d'un magnifique triptyque de Giovanni Bellini qui représente la *Vierge à l'Enfant sur un trône avec des Anges jouant de la musique et des Saints* (1488). La troisième chapelle de l'abside abrite un *triptyque* de Bartolomeo Vivarini.

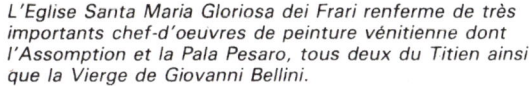
L'Eglise Santa Maria Gloriosa dei Frari renferme de très importants chef-d'oeuvres de peinture vénitienne dont l'Assomption et la Pala Pesaro, tous deux du Titien ainsi que la Vierge de Giovanni Bellini.

Dans le chœur se trouve le *Monument au doge Francesco Foscari* des frères Bregno (vers 1475); près du mur de gauche le *Monument au doge Nicolò Tron* est d'Antonio Rizzo. Derrière le maître-autel il faut admirer la fameuse *Assomption* de Titien (1518). Bernardo Licinio est l'auteur de la belle *Vierge à l'Enfant* de la première chapelle du côté gauche de l'abside; dans la troisième on peut voir un *retable* d'Alvise Vivarini et Marco Basaiti qui représente *Saint Ambroise sur un trône*. Un *triptyque* de Bartolomeo Vivarini orne la quatrième. Le *Saint Jean-Baptiste* placé sur les fonts baptismaux est de Jacopo Sansovino. Au deuxième autel de la nef de gauche se trouve un retable de Titien: la *Vierge de la famille Pesaro* (1526). Plus loin, le *Monument du doge Giovanni Pesaro* de Longhena (1669) et le *Mausolée d'Antonio Canova*, réalisé par ses élèves d'après ses dessins.

SCUOLA GRANDE DI SAN ROCCO

La construction de la « Scuola Grande di San Rocco » s'est étalée de 1515 à 1560 et a réuni tous les plus grands architectes de l'époque: Bartolomeo Bon, auteur des plans, Sante Lombardo, Scapagnino et Giangiacomo dei Grigi qui mit le point final. L'ensemble est donc composite et doit beaucoup à Scarpagnino, auteur du beau portail avec tympan et du magnifique escalier de la salle au rez-de-chaussée. Quant à l'**intérieur**, c'est un monument à l'art du Tintoret — dont on a conservé la décoration originale — qui a peint ici un *cycle de peintures* d'une merveilleuse beauté. Il commença à décorer la **Sala dell'Albergo** en 1564; dans la salle adjacente, il a peint 21 toiles sur le plafond divisé en secteurs. Huit grandes toiles, peintes entre 1583 et 1587, se trouvent dans la grande salle du rez-de-chaussée, partagée en trois par deux rangées de colonnes corinthiennes. Il faut remarquer aussi une précieuse *Annonciation* de Titien. La **Sala della Cancelleria** (chancellerie) possède un *Ecce Homo* attribué à Titien et un *Saint Roch* de Bernardo Strozzi.

Façade de la Scuola Grande de Saint-Rocco et, ci-dessous, l'Eglise du même nom.

A gauche, vue sur le Rio San Trovaso. A droite, le Rio delle Torreselle et l'arrière du Palais Dario.

La façade de l'Eglise Santa Maria della Visitazione commencée en 1493 et terminée en 1524 est attribuée à Mauro Codussi et également à Tullio Lombardo.

EGLISE SAN ROCCO

Près de la « Scuola Grande di San Rocco » se trouve l'église du même nom, fruit de la reconstruction par Scalfarotto, au XVIIIᵉ siècle, d'une ancienne église en style Renaissance. La **façade** reprend les motifs de celle de la « Scuola » et est percée d'un beau portail avec tympan triangulaire. Les statues sont de Morlaiter et de Marchiori.

L'**intérieur** à une seule nef, avec chapelles latérales et une coupole, abrite une série de peintures du Tintoret — *Saint Roch guérit les pestiférés, Saint Roch dans le désert* — de Pordenone *Saint Martin et Saint Christophe* — et de belles fresques. Les reliques du saint sont placées dans une urne, surmontée d'une statue de *Saint Roch* que l'on voit dans le chœur.

EGLISE SAN TROVASO

« San Trovaso » est une contraction de « San Gervasio e
San Protasio » (Saint Gervais et Saint Protais). Une
église de ce nom existait au XIe siècle. Un incendie
l'ayant endommagée, elle fut reconstruite en 1590 en style
classique avec **façade** à deux ordres de pilastres.
A l'**intérieur**, à une seule nef et en croix latine, on trouve
des œuvres importantes de Pietro Lombardo, Jacopo
Tintoretto, Michele Giambono, Domenico Tintoretto,
Palma de Jeune et Rosalba Carriera.

LE « SQUERO » DE SAN TROVASO

Près de l'église **San Trovaso** se trouve le *squero* de même
nom, c'est-à-dire un chantier privé pour la construction
d'embarcations.

Cet ensemble pittoresque, réunissant des édifices en partie en brique et partie en bois donne directement sur le
canal avec sa cale de halage et de lancement d'embarcations de petite taille. En effet, c'est ici que l'on répare les
gondoles endommagées et qu'on en construit de nouvelles. Parmi les nombreux chantiers qui jadis florissaient
dans la ville, celui-ci est l'un des derniers qui maintienne
encore vivante une tradition vieille de plusieurs siècles,
liée à la construction de la typique embarcation vénitienne. Bâti au XVIIe siècle et remanié à plusieurs reprises, ce *squero* a préservé son aspect d'autrefois, avec ses
petites constructions juxtaposées abritant aussi bien des
ateliers que des habitations. Particulièrement caractéristiques, les petites maisons au bord de la *cale* présentent des
galeries couvertes en bois à balustrades.

LA GONDOLE

La gondole est vraiment l'une des caractéristiques de Venise. Cette barque élancée, traditionnelle pour les habitants de la lagune, a une histoire qui remonte à plus de mille ans.

On la fait remonter à l'époque du premier doge, au VIIe siècle, et sa présence est prouvée par un acte public de 1094 où elle est expressément mentionnée. L'origine du nom est difficile à établir: peut-être vient-il du grec *kondyle*, c'est-à-dire « coquille », en passant par une interprétation symbolique attrayante, ou bien de *kondoura*, sorte d'embarcation, ou encore du latin *cymbula* (petite barque). Les gondoles construites par les maîtres charpentiers venitiens suivant des règles précises — transmises oralement — n'ont pas toujours été comme celles que nous voyons aujourd'hui: comme le montrent des tableaux des XVe et XVIe siècle, la ligne de l'embarcation était plus proche du fil de l'eau et poupe et proue étaient moins élevées. Le bordé était coloré, orné d'applications luxueuses. C'était là l'occasion d'une compétition entre les familles nobles qui voulaient ainsi faire étalage de leur puissance économique. Parmi les objets précieux à qui ils donnaient forme d'œuvres d'art originales, les artisans préféraient le fer de proue, semblable à une hallebarde et portant six pointes (une pour chaque quartier de la ville), et la volute de la poupe. Au XVIIIe siècle la gondole prit son aspect et ses dimensions actuelles (jadis il y en avait de plus grandes, à plusieurs rames). Elle mesure 10,75 m de long et 1,75 m de large; le fond plat n'est pas dans l'axe de l'embarcation de façon à la maintenir en équilibre bien qu'elle soit manœuvrée par un seul rameur placé de côté. Le gondolier — vêtu maintenant d'un tricot à raies et d'un chapeau de paille avec rubans mais jadis habillé d'une façon singulière et avec recherche — pousse en effet la gondole au moyen d'une seule longue rame qui s'appuie sur la « forcola » un tolet, ou fourche à la ligne courbe caractéristique. Il reste debout sur une partie de la poupe qui a été renforcée. Les gondoles sont noires parce qu'un décret du Sénat de la République a mis fin, en 1562, à l'étalage des ornements; le seul espace réservé aux décorations fantaisistes est celui des panneaux de couverture d'avant, parfois entaillés et présentant des enroulements végétaux ou bien plus rarement — des vues miniaturisées de la lagune. Le *felze* a disparu lui aussi; c'était un abri mobile, une sorte de cabine au centre de la gondole pour protéger les passagers en cas de mauvais temps. Cette capote spéciale, couverte d'un drap noir et ornée de cordons et de rubans, avait de minuscules fenêtres et une petite porte à deux battants.

Les gondoles qui circulent sur les voies d'eau de Venise représentent un vingtième de celles qui existaient au XVIIIe siècle. Elles sont construites et réparées au Squero di San Trovaso où les artisans conservent les traditions de leur métier très ancien.

CANAL ET ILE DE LA GIUDECCA

En laissant derrière soi l'île Saint Georges, on entre dans le Canal de la Giudecca qui depuis des siècles est le centre commercial de Venise, utilisé encore de nos jours comme port pour les navires transportant des passagers. Le canal serpente sur plus de 1600 m et baigne les bords de l'île du même nom, un des endroits les plus attrayants de Venise. C'est là que bat le cœur de la ville riche en architectures et en commerces. Ici de vieilles maisons et de petits palais côtoient de modestes boutiques d'artisans, il y a des édifices de tous les styles et c'est en somme un aperçu de tout ce qu'on peut trouver, sur une plus vaste échelle, dans le centre de Venise. Parmi les édifices à remarquer signalons: l'ancien **Moulin Stucky** aux formes originales, l'ancienne **Eglise de Saint Cosme et Saint Damien** et surtout les églises des « **Zitelle** » et du **Rédempteur**, excellent exemple d'art baroque. Anciennement cette petite île avait reçu le nom de Spinalonga; plus tard on l'appela Giudecca probablement en raison de l'afflux de nombreux juifs (en italien: « giudeo ») qui s'étaient établi ici (XIVᵉ-XVᵉ siècle). L'espace, il y a quelques siècles, était plus réduit. Au fil des ans l'île a pris son aspect actuel, le terrain s'étant consolidé.

Extérieur de l'Eglise San Barnaba.

Une vue du Canal de la Giudecca.

EGLISE SAN GIORGIO MAGGIORE

L'Eglise San Giorgio Maggiore est un des chefs-d'œuvre de Palladio (1565-1580). L'église a été achevée par Simeone Sorella en 1610 d'après ses dessins.

La **façade** est séparée en trois parties par des colonnes surmontées de chapiteaux corinthiens. Dans les deux niches, entre les colonnes, ont été placées les statues de *Saint Georges* et de *Saint Etienne*. Sur les côtés on peut voir les bustes des doges *Tribuno Memmo* et *P. Ziani*, de Giulio dal Moro. Le **clocher** s'est écroulé en 1773 et a été remplacé en 1791 par celui de nous voyons actuellement et qui est de Benedetto Buratti.

L'**intérieur** est en croix latine à trois nefs avec coupole. Deux belles toiles du Tintoret se trouvent dans le chœur.

FONDATION GIORGIO CINI

L'ancien **Monastère bénédictin de l'Ile San Giorgio**, dont les origines remontent très loin, a été restauré en 1957 pour donner asile à la Fondation Giorgio Cini. C'est un centre de culture et d'art parmi les plus prestigieux du monde où se tiennent en continuité des congrès et même des rencontres au sommet entre chefs d'Etat. Il faut admirer la perfection de l'architecture de Palladio, à qui l'on doit le monastère mais aussi, parmi grand nombre d'œuvres d'art, le *Mariage de la Vierge* du Tintoret.

MUSEE DE L'ACADEMIE

Le Musée de l'Académie présente un panorama de la peinture vénitienne du XIVe au XVIIIe siècle. Ce musée a été créé par un décret du Sénat de la République Vénitienne, en date du 24 septembre 1750, sous le nom d'« Académie des peintres et des sculpteurs ». Giambattista Piazzetta en fut le premier directeur. Son siège était alors l'édifice où se trouve actuellement la Capitainerie du port. En 1807 on décida de le transporter dans les locaux de Santa Maria della Carità, de la « Scuola » du même nom, et du couvent des chanoines et on constitua l'« Académie des Beaux-Arts ». La **« Scuola » de la Confrérie** avait été achevée entre le XIVe et le XVe siècle. Maccarucci rénova la façade en style néo-classique, d'après les plans de Giorgio Massari. L'**Eglise Santa Maria della Carità** avait été édifiée sur une église romane entre 1441 et 1452. L'atelier de B. Bon s'était occupé de ce travail. Le troisième édifice, c'est-à-dire le **Couvent des chanoines** du Latran est une des plus belles réalisations architecturales de Palladio à Venise. Antonio Selva se vit confier la tâche d'adapter ces constructions à leur nouvelle fonction. Il démolit ce qui restait de l'atrium corinthien et des petits côtés du cloître et relia le couvent à l'église au moyen d'une double loggia.

Le premier noyau des collections actuelles remonte au XVIIIe siècle; il comprenait les essais des candidats à l'Académie. De nombreuses donations se sont succédées, les unes faites par des particuliers — le legs Contarini en 1838 et le legs Renier en 1850 —, les autres, « forcées », par les institutions religieuses supprimées par Napoléon. Plus près de nous, le Musée s'est enrichi des acquisitions de l'Etat. En 1812 on acheta un groupe important de peintures, choisies par Pietro Edwards, ancien président de la vieille Académie de 1793 à 1796. Dans les années successives Carpaccio, Bellini, Titien, Pordenone et Paolo Véronèse firent leur entrée au Musée. Après la chute de Napoléon, le Louvre restitua des Paris Bordone, des Tintoret et le *Repas dans la maison de Lévi* que Véronèse avait peint en 1537 pour le réfectoire du couvent de San Giovanni e Paolo.

Ainsi que nous l'avons dit, on trouve dans ces salles un panorama complet de la peinture vénitienne, en partant des œuvres encore inspirées par l'art byzantin. Cette période, qui s'étend jusqu'au XIVe siècle, est représentée, entre autres, par les polyptyques des Veneziano, le *Couronnement de la Vierge* de Catarino (1375) et l'*Annonciation, des Saints et des Prophètes* de Lorenzo (1357). On peut voir également des œuvres de Iacobello da Fiore, Iacobello Alberegno et Nicolò di Pietro.

Pour le XVe siècle rappelons les Bellini: la *Vierge à l'Enfant entre Sainte Catherine et Marie Madeleine*, la *Vierge sur un trône en adoration de l'Enfant qui dort dans son giron*. Mais aussi Carpaccio avec tout le cycle de la *Légende de Sainte Ursule*, peint à l'origine pour l'oratoire de la « Scuola » de sainte Ursule. Et des tableaux de Vivarini, G. D'Alemagna et Lazzaro Bastiani.

Le XVIe siècle est représenté par de grands maîtres: Giorgione avec sa célèbre *Tempête* et ce qui reste d'une fresque dite *La femme nue*, qui décorait la façade du « Fondaco dei Tedeschi »; Titien avec la *Pietà* et la *Présentation de la Vierge au temple*; Véronèse avec le *Repas dans la maison de Lévi* et la *Vierge sur un trône avec des Saints*; le Tintoret avec le merveilleux *Miracle de Saint Marc* et *Adam et Eve*. Des artistes moins connus sont également présents comme Boccaccino, Lorenzo Lotto, Paris Borbone, Schiavone et Pordenone.

Le XVIIe siècle comprend des œuvres de Bernardo Strozzi: le *Repas dans la maison du pharisien* et *Saint Jérôme*; de Domenico Fetti: *Le bon Samaritain*; de Mazzoni: l'*Annonciation*; de Maffei et d'autres artistes.

◄ Francesco Guardi: l'île de San Giorgio Maggiore.

Giovanni da Bologna: la Vierge de l'Humilité.

Paolo Veneziano: la Vierge en Majesté.

Niccolò di Pietro: la Vierge à l'Enfant et le commanditaire.

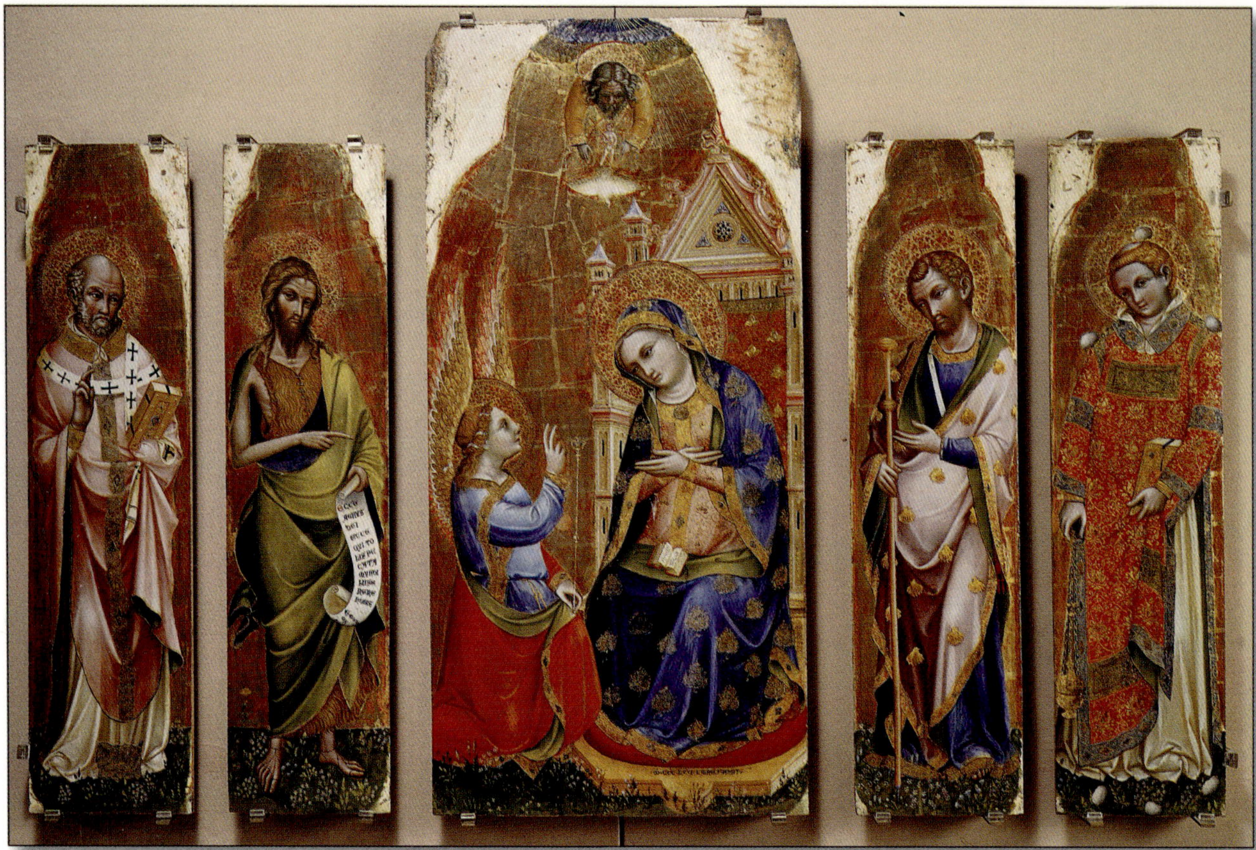

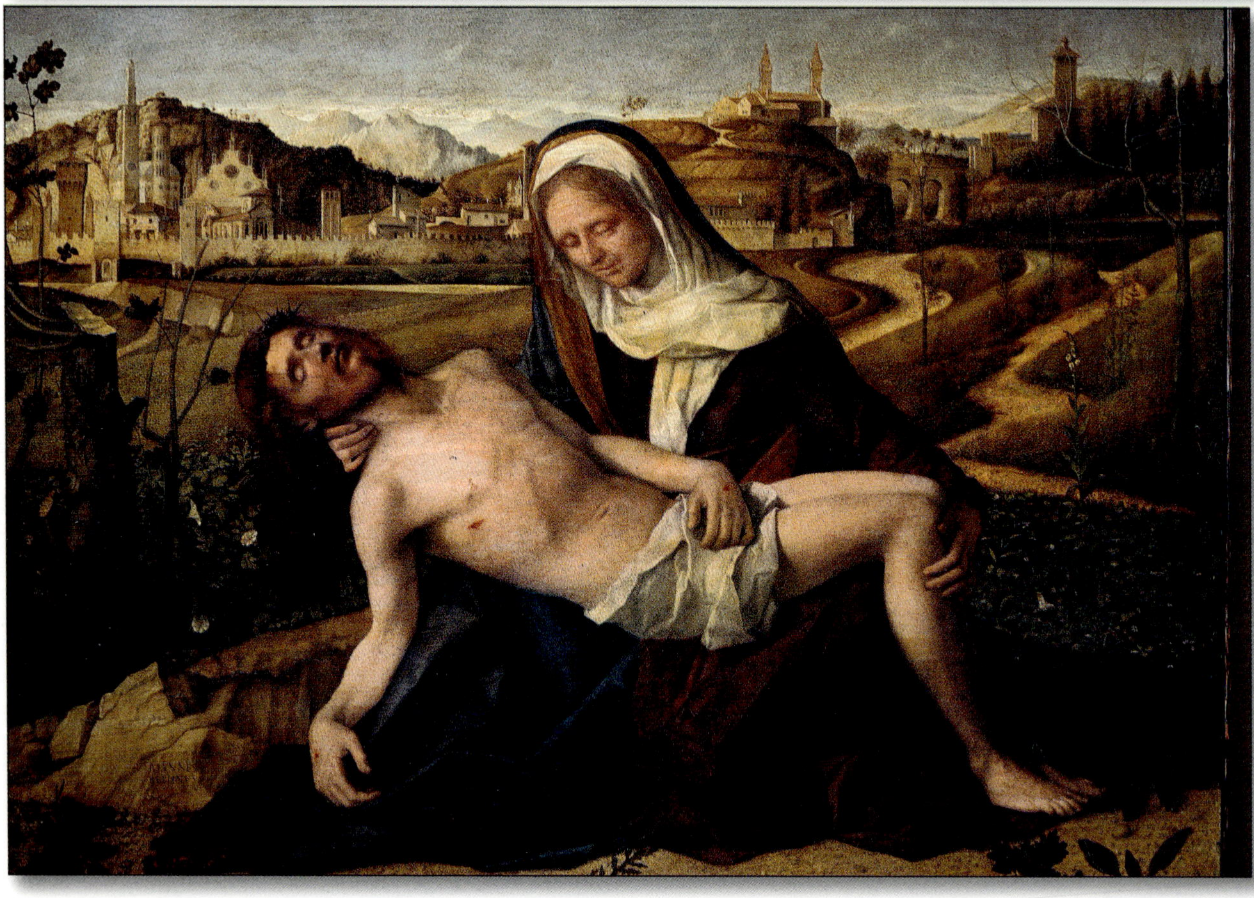

◄ *Lorenzo Veneziano: Polyptyque de l'Annonciation
avec quatre saints.*

Gentile Bellini: la Guérison de Pietro de' Ludovici.

◄ *Giovanni Bellini: Pietà.*

Giorgione (Giorgio da Castelfranco): la Tempète.

Bonifacio de' Pitati: le Banquet du riche Epulone.

Andrea Mantegna: Saint Georges.

Palma le Vieux: l'Assomption.

Les salles réservées au XVIIIe siècle sont particulièrement bien fournies. Parmi les nombreux tableaux de cette époque rappelons: *Le philosophe* de Pietro Longhi, *La diseuse de bonne aventure* et un *Crucifix* de G. B. Piazzetta, le *Portrait d'un jeune homme* et un *Autoportrait* de Rosalba Carriera, *Saint Joseph avec l'Enfant et d'autres Saints* de G. B. Tiepolo et enfin le *Portique* de Canaletto.

◄ *Canaletto: Portique.*

Titien: Pietà.

Tintoret: Saint Marc sauvant un sarrazin.

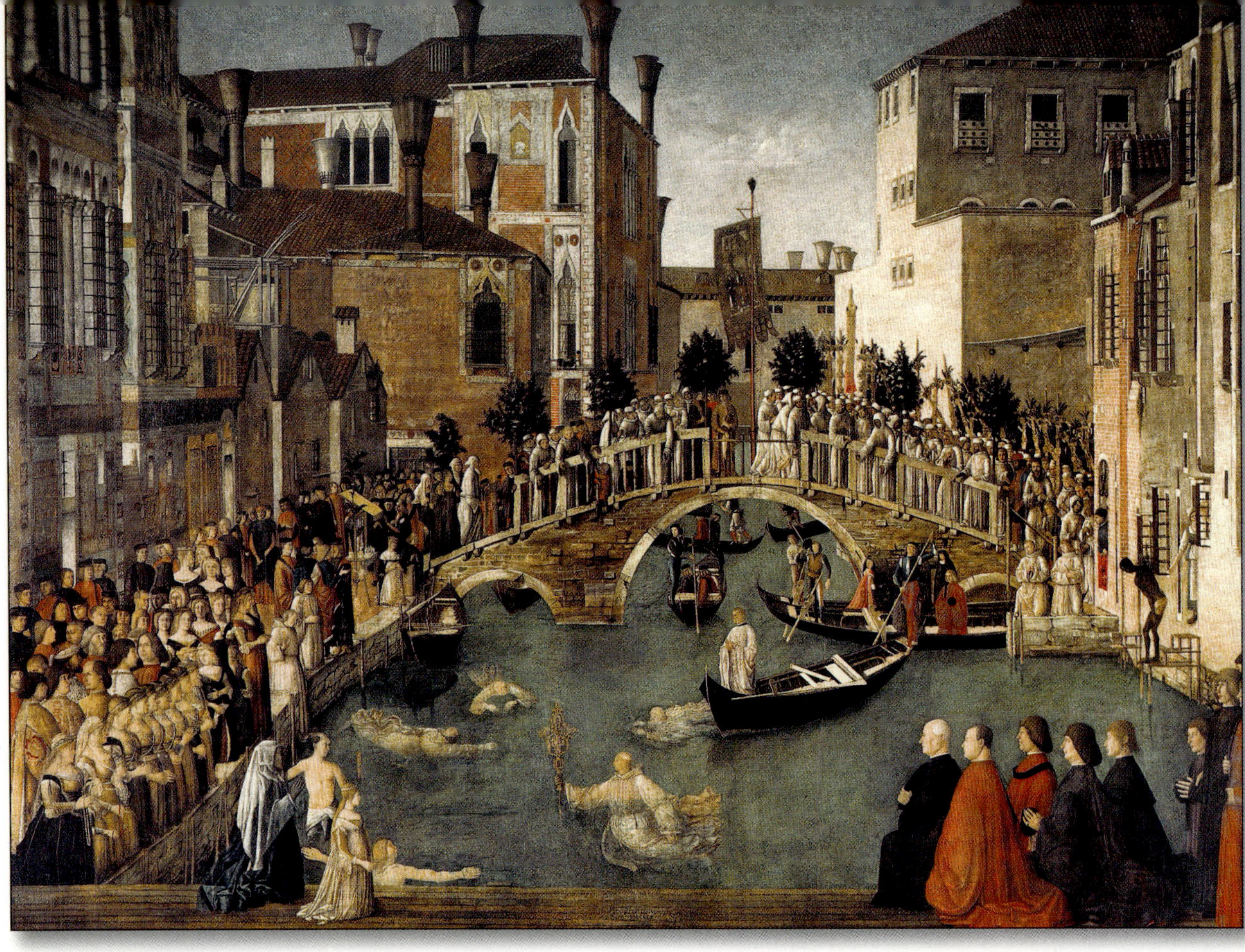

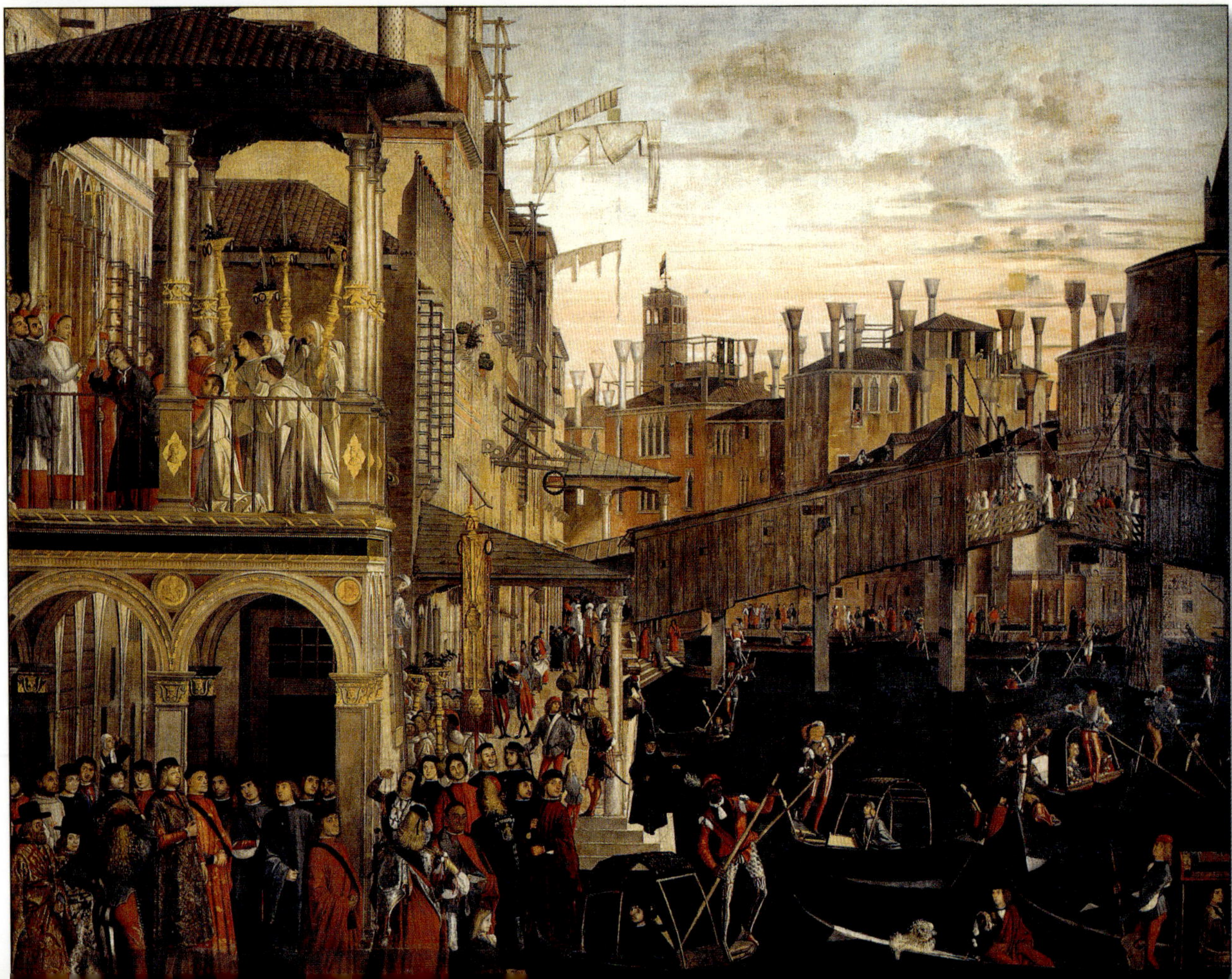

◄ Gentile Bellini: le Miracle de la Croix au pont
de San Lorenzo.

Vittore Carpaccio: Légende de sainte Ursule, (détail)
l'Arrivée des Ambassadeurs.

◄ Vittore Carpaccio: la Guérison du possédé.

QR Code

◄ *G. B. Piazzetta: la Devineresse.*

◄ *Rosalba Carriera: Autoportrait.*

◄ *Francesco Guardi: l'Incendie à San Marcuola.*

La Salle de bal avec les fresques de G. Crosato.

MUSEE DU XVIIIᵉ SIECLE VENITIEN

Le Musée du XVIIIᵉ siècle vénitien se trouve dans le **Palais Rezzonico**, dans le quartier de Dorsoduro.
La Ville de Venise l'a acheté en 1935; on y voit une merveilleuse reconstitution de l'intérieur d'un palais vénitien au XVIIIᵉ siècle.
Par un grand *escalier* de G. Massari on entre dans la **Salle de bal**, aux merveilleux meubles en marqueterie de Brustolon. On traverse ensuite la **Salle de l'Allégorie nuptiale**, qui tire son nom de la fresque de Tiepolo représentant les *Noces de Ludovico Rezzonico*, la **Salle des pastels**, avec peintures de Rosalba Carriera, la **Salle des Tapisseries**, avec tapisseries flamandes du XVIIᵉ siècle, la **Salle du trône**, anciennement chambre nuptiale, avec fresque de Tiepolo, la **Salle** consacrée **à Tiepolo** qui y a peint une grande fresque représentant la *Fortune* et la *Sagesse*, la **Salle de la Bibliothèque** avec *toiles mythologiques* de Maffei, la **Salle de Lazzarini** et enfin celle de Brustolon avec de beaux meubles en marqueterie de ce maître-

artisan de Belluno qui travailla beaucoup à Venise. Au deuxième étage on passe du Portego dei Dipinti (portique des peintures) avec œuvres de Piazzetta, Jan Liss et Giuseppe Zais, à la **Salle de Longhi** où sont exposés 34 petits tableaux de *Vie vénitienne*. Le *plafond* est peint par Tiepolo.
Après deux petites pièces, peintes à fresque par Guardi, on entre dans une chambre à coucher du XVIIIᵉ siècle, parfaitement reconstruite. Après avoir traversé deux autres pièces on se trouve dans les salles reconstituées de la villa de Tiepolo à Zianigo, avec fresques de son fils Domenico.
Au deuxième étage on trouve la **Camera dei Pagliacci**, la **Chapelle** peinte à fresque par Tiepolo en 1749 et la **Sala del Ridotto** avec les petites toiles bien connues de Guardi, *Le Parloir des religieuses* et *Le ridotto*. Vient ensuite le **Camerino degli stucchi** (petite pièce des stucs). Au troisième étage on trouve d'autres choses intéressantes comme la reconstruction d'une pharmacie et d'un petit théâtre de marionettes, avec une collection de marionettes vénitiennes du XVIIIᵉ siècle.

La Salle de Tiepolo.

Francesco Guardi: la Piazzetta San Marco (Galerie Franchetti) ►

Francesco Guardi: le Grand Canal et l'Eglise de Santa Maria de ►
la Salute (Galerie Franchetti).

GALERIE FRANCHETTI

La collection Franchetti est exposée aux étages supérieurs de la **Ca' d'Oro**. On y accède par une belle cour et une baie gothique bigéminée. Après avoir admiré une *margelle de puits* en marbre, du XVe siècle, on monte par un escalier couvert soutenu par des arcs en ogive. Le portique du bas est entouré de *statues* romaines et hellénistiques; le pavement est en mosaïque. On entre dans la *Galerie des Tableaux* où se trouvent des œuvres de divers peintres: Antonio Vivarini, Vittore Carpaccio, Paris Bordone, Alessandro Vittoria, Titien, Mantegna — le merveilleux *Saint Sébastien* — Van Dyck, Pontormo, Filippo Lippi, Francesco Guardi, Luca Signorelli, Van Eyck, le Tintoret et Sansovino. On a ajouté les fresques de Campagnola et de Pordenone détachées du cloître de Santo Stefano et aussi des céramiques vénitiennes du XIe au XVIIIe siècle, parmi lesquelles figurent des fragments de la Collection Conton.

D'autres salles annexes appartiennent au Palais Giusti, contigu à la Ca' d'Oro: on y trouve des bronzes d'ateliers vénitiens et autres, flamands et hollandais par exemple. On passe du premier au deuxième étage par un magnifique *escalier* en bois sculpté venant de la Casa Agnelli, où il était à l'origine.

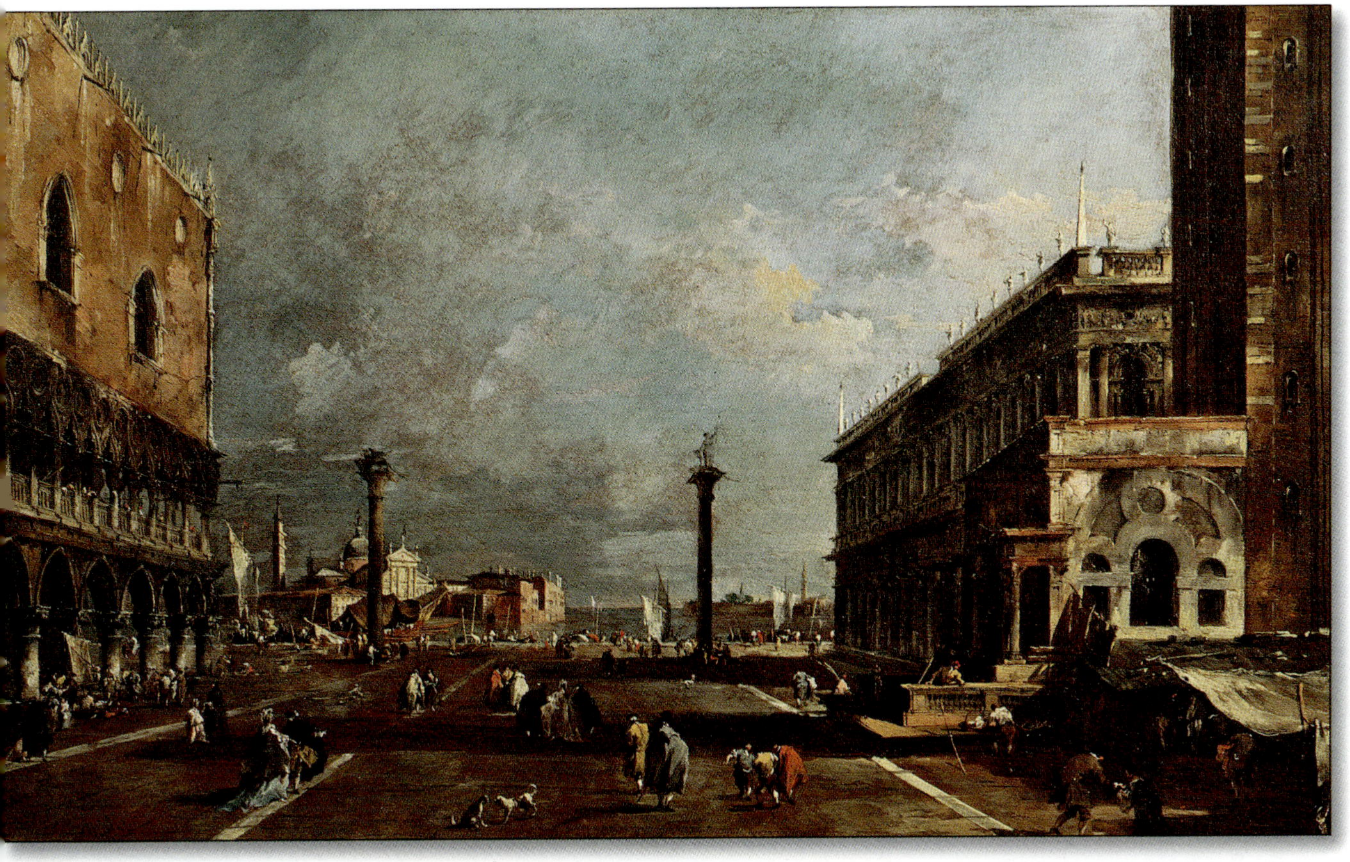

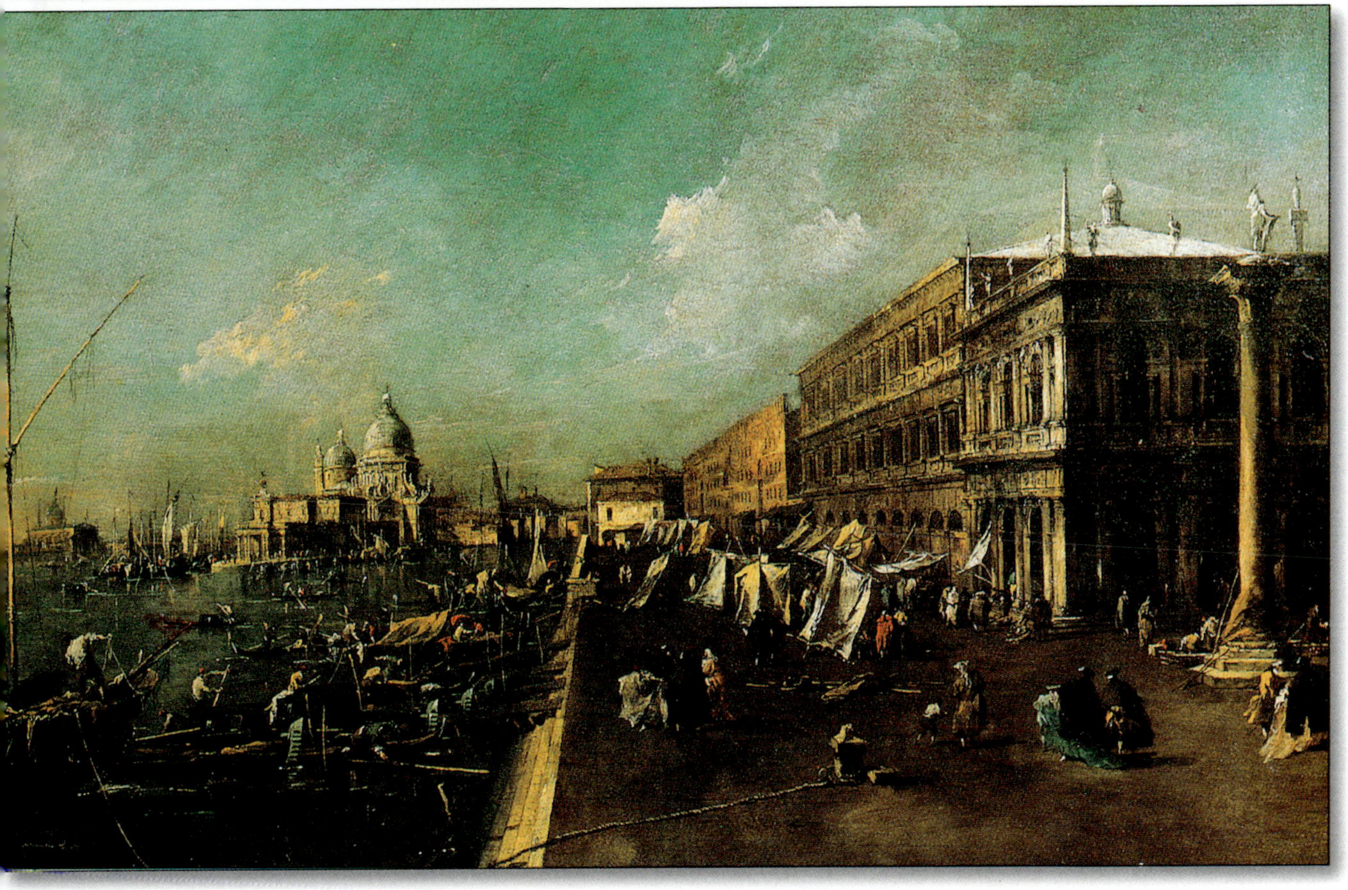

PINACOTHEQUE QUERINI STAMPALIA

Derrière l'Eglise Santa Maria Formosa, le Palais Querini Stampalia abrite la pinacothèque du même nom, adjacente à une bibliothèque privée bien fournie, celle que le comte Querini Stampalia a donné à la ville.

La pinacothèque s'étend sur vingt salles, au deuxième étage, et comprend des œuvres d'artistes du XIVe au XVIIIe siècle, des meubles, des porcelaines, des armes et des instruments.

Parmi les pièces les plus intéressantes figurent l'*Autoportrait* et *Adam et Eve* de Palma le Jeune, la *Conversion de Saint Paul* d'Andrea Schiavone, l'*Adoration de la Vierge* de Lorenzo di Credi, la *Sainte Conversation* de Palma le Vieux, la *Chasse dans la vallée* de Pietro Longhi — dont le musée abrite bon nombre de tableaux — des paysages de Marco Ricci, le *portrait de G. Querini* de G. B. Tiepolo et une *Vierge à l'Enfant* de Bernardo Strozzi.

Dans plusieurs salles de la pinacothèque la décoration est encore celle du XVIIIe siècle: meubles laqués chinois, glaces style Louis XVI, décorations en stuc. On trouve ici également des dessins de Giovanni Bellini, Titien, Raphaël, Véronèse et Tintoret.

Extérieur du Palais Querini-Stampalia

Palais Querini-Stampalia: le Salon vert, en style baroque.

MUSEE MUNICIPAL CORRER

Le Musée municipal Correr occupe maintenant l'**Aile napoléonienne des Nouvelles Procuraties**. Jusqu'en 1922 il était installé dans le Palais Correr sur le Canal Grande. Il a été constitué à la suite d'un don d'un patricien vénitien, Teodoro Correr, en 1830. Tout le patrimoine artistique de la collection Correr a été partagé en trois sections. L'une se trouve à la Ca' Rezzonico (Musée du XVIIIe siècle vénitien), une autre dans une aile des Nouvelles Procuraties neuves avec entrée sur la Piazzetta (Musée Archéologique) et la troisième ici, qui comprend les collections historiques, les tableaux et le Musée du Risorgimento.

Les **Collections historiques** sont placées dans 33 salles, au premier étage. Les objets les plus divers aident le visiteur à se pencher sur la vie sociale, les institutions, les activités artistiques et l'histoire de la République. Un grand nombre de choses précieuses et intéressantes sont présentées ici: répliques du lion de Saint Marc, symboles et bannières de la République, armes et portraits des doges, cachets de la douane, costumes des doges et des hauts dignitaires de la magistrature, représentations de cérémonies publiques, souvenirs du fameux complot de Bajamonte Tiepolo, collections de monnaie, documents et dessins ayant trait à la navigation, souvenirs de la bataille de Lépante, cartes nautiques et instruments de bord, cartes des conquêtes coloniales, armes, drapeaux, écussons, bâtons de commandement et trophées sans oublier un chef-d'œuvre de jeunesse d'Antonio Canova, *Dédale et Icare*.

La **Galerie de Tableaux** occupe dix-neuf salles du deuxième étage. La première et la deuxième sont réservées à l'art véneto-byzantin et aux peintres vénitiens du XVIe siècle, dont Paolo Veneziano.

La troisième nous présente les toiles de Lorenzo Veneziano. La quatrième nous ramène à l'apogée du gothique flamboyant; on y remarque des panneaux du XIVe siècle et des sculptures de Jacopo Dalle Masegne.

Dans la cinquième et dans la sixième salle se succèdent des exemples de peinture vénitienne de la fin du gothique, notamment avec les toiles de Jacobello del Fiore et Michele Giambono.

Les peintres ferrarais sont réunis dans la septième salle où tranchent sur tous les autres les chefs-d'œuvre de Cosmé Tura, dont la magnifique *Pietà*. On y admire aussi deux *Vierges* de Bartolomeo Vivarini. Dans les salles successives sont alignées des sculptures en bois de Vénétie, des toiles de peintres flamands (*Adoration des Mages* de Peter Bruegel). Plus loin on rencontre une *Pietà* d'Antonello da Messina, un *Crucifix* d'Ugo Van der Goes et une *Vierge à l'Enfant* de Bouts. Cranach, Bruyn et Civetta sont présents dans la douzième salle; Giovanni, Jacopo et Giovanni Bellini dans la treizième. La quatorzième est réservée à Alvise Vivarini et aux peintres qui se sont inspirés de lui. Dans deux autres salles, parmi les tableaux de Vittore Carpaccio, il faut remarquer *Les courtisanes*. Dans la dix-septième salle on découvre la *Vierge à l'Enfant couronnée par des Anges* de Lorenzo Lotto. Les célèbres « Madonneri », peintres gréco-vénitiens des XVIe et XVIIe siècle, sont réunis dans la dix-huitième. Dans la dernière salle de la Galerie on a rassemblé des céramiques du XVIe siècle dont le fameux « Service Correr » comprenant dix-sept pièces décorées par Niccolò Pellipario en 1525.

Anonyme du XVIIe siècle: Allégorie de la Sainte Alliance (Musée Correr).

Vittore Carpaccio: la Visitation (Musée Correr).

MURANO

Murano est une ville typique de la lagune qui s'étend sur cinq îles. Elle est née à la suite de la migration des habitants d'Uderzo et d'Altino, sous la poussée des Huns et des Lombards. Son développement fut rapide; déja en 1275 Murano était gouvernée par un podestat vénitien mais avait ses propres lois. Pendant des siècles, les patriciens vénitiens vinrent ici passer leurs vacances et leur présence donna lieu à la construction ou à la réfection de palais et d'églises. L'artisanat du verre, qui a rendu Murano célèbre dans le monde entier, a commencé très tôt (dès 1292, pour éviter les dangers d'incendie, toutes les fabriques de verres de Venise furent transférées à Murano). Il a atteint sa splendeur au XVᵉ siècle avec l'apparition du verre soufflé et le développement d'autres techniques comme celle du verre blanc.

Les palais sont nombreux et intéressants. Nous ne citerons que les plus connus: le **Palais Da Mula**, près du **Pont Vivarini**, belle construction gothique; le **Palais Trevisan**, attribué à Palladio; du côté opposé l'ancien **Palais Giustiniani**, siège du **Musée de l'Art du verre**. Il ne faut pas négliger les églises: **Santa Maria et San Donato** est la plus connue.

L'abside de l'Eglise Sainte-Marie et Saint-Donato.

BURANO

L'emplacement primitif de Burano était une île autre que celle où nous trouvons actuellement ce centre bien connu. C'est probablement à cause de quelque calamité naturelle que les habitants abandonnèrent le site plus proche de la mer où ils étaient installés et occupèrent donc « Vicus Buranis », dans l'île près de Mazzorbo. Jusqu'au XVIIIe siècle la vie de l'île fut étroitement liée à celle de Torcello dont la décadence commençça à cette époque. Burano a toujours eu partie liée avec les beaux-arts. C'est la patrie du musicien B. Galuppi (1706) et, au XXe siècle, un rendez-vous de peintres.

L'art et l'artisanat se marient ici pour donner naissance à une activité économique importante: la dentelle. Elle fit fureur entre le XVIe et le XVIIe siècle, grâce à la protection de deux dogaresses, Giovanna Duodo et Morosina Morosini. Au XVIIIe siècle commence la décadence mais une certaine reprise s'amorce à la fin du XIXe avec la création d'une école spécialisée.

L'île possède deux églises: **San Martino**, du XVIe siècle, qui abrite les reliques de Martin et Adrien, martyrs et patrons de l'église, ainsi que des œuvres d'art et des objets du culte; **Santa Maria delle Grazie**, a été fermée au culte en 1810 et est maintenant le siège d'un centre social.

Les célèbres dentelles de Burano.

TORCELLO

Torcello est l'une des plus belles îles de la lagune car son atmosphère est intacte.

A l'époque des premières implantations dans la lagune elle acquit une importance particulière et devint même siège d'un évêché au VIIe siècle. Elle comptait alors un grand nombre d'habitants; de nos jours ils ne dépassent pas la centaine.

En 1247 Torcello jouissait d'un statut qui lui était propre et avait un podestat. Le commerce était florissant et palais et églises sortaient de terre. La déviation de l'embouchure du Sile amena la malaria et mit fin à la vie sur l'île.

La **Cathédrale Santa Fosca** date de l'an Mil et rappelle le style de Ravenne. Le plan est octogonal et cinq côtés sont bordées d'un portique. L'intérieur, en croix grecque, est plein d'attrait. La **Cathédrale de l'Assomption** a été fondée en 639 et reconstruite en partie en 1008. C'est le plus beau résultat des rapports artistiques entre la lagune et Ravenne qui jouait le rôle d'intermédiaire avec Byzance.

A l'intérieur il faut admirer une mosaïque des XIIe-XIIIe siècle, en style vénéto-byzantin, qui représente le *Jugement dernier;* l'*Iconostase* avec des colonnes en marbres et treize *icônes* du début du XVe siècle; l'autel placé sur un *sarcophage romain* provenant d'Altino; l'*Annonciation*, mosaïque du XIIIe siècle et une *Vierge à l'Enfant*, mosaïque du XIIIe siècle, de style vénitien, tandis que les *Apôtres* sont du XIIe et rappellent Ravenne. La *crypte* remonte au IXe siècle. Ce sont là les œuvres les plus réputées de cette cathédrale. Derrière l'église, la **Chapelle San Marco** serait le lieu où auraient fait halte les reliques de Saint Marc lorsqu'on les transféra à Venise. Il ne reste presque plus rien du **Baptistère** sis devant l'église. On trouvera des mémoires et des témoignages de l'histoire de Torcello et de la lagune, ainsi que des toiles et autres œuvres d'art, dans le **Musée de l'Estuaire**, au **Palais du Conseil**, et dans le **Palais des Archives** (qui possède des objets paléovénitiens, étrusques et grecs) tous deux du XIVe siècle.

Du **Palais du Podestat** il ne reste que des fragments (inscription, écussons, morceaux de colonnes).

L'Eglise Santa Fosca.

TABLE DES MATIERES